SIX YEARS

*with*

THE UN

◎孟文婷 著

# 我与联合国的六年

一位联合国实习生、非洲和平研究者和世界公民的思考

时事出版社

北京

# 目录

c o n t e n t s

## ——冷静慎思——

## 作为一个联合国与和平研究者



## ——彼此成就——

## 作为一个世界公民

# 序一　中国新一代联合国研究者的成长

初识文婷，大约是七年前。在我给本科生授课的课堂上，一个有点像洋娃娃的小女生经常表露出对联合国的好奇。后来她参加了带有知识竞赛性质的课外学术小组，几个同学一起努力，凭借对联合国问题的一份调研成果，获得了北大学生“挑战杯”一等奖，还在《世界知识》杂志上图文并茂地推出报告的简写版。

作为指导教师，我亲眼目睹这个稚嫩但富有想象力的学生如何进步：从提出一些困惑，到听从建议，认真收集材料，设计小而有新意的研究课题，直至反复修改形成文章。说真的，让学生做研究的过程本身，比见到的任何文字成果更有趣。它不单意味着一份作品的完成、获奖或发表，而是把学子的一时灵感化为持续的读书写作，把年轻人的疑问兴趣变成用心的探索发现。

文婷之后到联合国总部实习，有心积累了大量新鲜素材，为此后的著述做了准备；再后来回到北大深造读博，有不少新的努力和进展，比如接受有关国际组织实习与入职手册的编写任务，参加国家社科基金有关联合国问题的课题，协助我为《国际政治研究》杂志专栏“中国维和学”组稿等等。看到助教文婷在课堂上为学弟、学妹讲授联合国的新动向，阅读她新近完成的中国学界对联合国研究的长篇综述，作为前辈学人和老师的我不禁赞叹。

文婷的进步，是中国新一代联合国研究者崛起的某种缩影。这一代研究者的外语水平和“翻墙”技术比前辈好，有更多的机会出国考察研究对象，多样的学术交流机会和丰富的文献资料加快了与世界前沿水平的对接；更重要的是国家比从前富有和开放，中国与国际社会的相互依存日益紧密，与联合国相关的各项事业均呈现不错前景。我想，只要目标坚定且坚持不懈，假以时日这辈学人定有更大成就。

手边的这本小书，算是孟文婷的第一部个人作品，虽不完美却新鲜有趣，我乐意把它推荐给读者。

**王逸舟**

2017 年 8 月底于北大寓所

# 序二　非洲和平的未来在青年一代

给文婷这本《我与联合国的六年》作序，我倍感荣幸。她是一个聪慧的青年学者，在纽约联合国总部有实习和调研的宝贵经历，其间她协助 2015 年第 70 届联合国大会会务；命中的巧合，当时我作为南苏丹的国家代表，也在联合国参会。现在，文婷是我在北大学习期间的一位优秀的中国朋友和共事伙伴。

初见文婷，记得是在 2016 年夏天北大非洲研究中心组织的关于“非洲和平与安全”的讨论会上。她对于南苏丹及其人民面对的挑战和困难有独到理解，她的提问令我印象深刻。我认为，她对于南苏丹的研究成果不仅具有学术价值，更是为这个年轻国家的和平与发展提供了有益启示。

中国的维和人员分布在全球几个国家，南苏丹是其中之一。这些维和人员隶属于联合国“蓝盔”部队，他们帮助这个充满持续战乱、最年轻的国家构筑和平与安全环境。此外，中国大力支持南苏丹的人道主义重建工作，积极促成南苏丹政府与反对派武装组织的和平谈判。

中国对南苏丹政府和人民做出了巨大的贡献，这让两国关系更加紧密。衷心地希望，在我与文婷友谊长存的同时，中南两国关系也能绵延不断。

**阿万·瑞艾克**
Awan Guol Riak
前南苏丹共和国总统办公室内阁
北京大学国家发展研究院博士生
2017年12月12日

# 自序　我与联合国的六年

回想人生二十六载，我跟联合国已经交往六年了。它七十有余，却是我心中的“不老情人”，伴着年轻的我一路成长。

初识联合国，缘起于一次学术调研。2011 年，我已经在燕园里度过了三个春秋。满怀一腔理想主义和好奇心，我与小伙伴们发起了关于“中国的联合国研究”的调研项目，从机构、学者、成果三个方面对国内改革开放以来的联合国研究进行阶段性的归纳、梳理和评述。历时一年，我们的研究获得了北京大学“挑战杯”一等奖，研究成果也陆续发表。

在那一年里，王逸舟老师不仅在学术上给予悉心指导，还引荐我们认识该领域的专家学者，促成了国内第一次如此大规模地对联合国研究人员的深度访谈。采访中，难忘李铁城爷爷讲述“拨乱反正”联合国往事，难忘李东燕老师对维和问题的深刻洞见，难忘钱文荣老先生指出既有研究存在错误时的严肃神情，难忘张贵洪老师从上海给予的远程支持……通过采访，我看到了书本之外的联合国故事，极大地激发了我对联合国研究的热情，访谈和实地调研也成了我展开研究的“保留方法”。同时，受访老师不约而同地提到，如果有机会应该去联合国实地工作和感受一下，我也心向往之。

走进联合国，当属我在北京和纽约的两次实习经历。一次是2013年初在联合国志愿人员组织（United Nations Volunteers）中国办公室，一次是2015年在联合国总部秘书处（United Nations Secretariat）的人力资源厅。说来巧合，我两次实习的工作内容，都是运营办公室的社交媒体账号。如果说美国总统特朗普开辟了“推特治国”模式，那我的联合国之路就是“微博职业发展”的范本。其实，联合国作为世界上最具权威性和代表性的国际组织，他的公正性和透明性尤为重要，社交媒体是信息公开最便利的方式，传播广泛，沟通大众。如此看来，我所做的工作还算是联合国的核心工作。

工作中，我兼具了实践者（practitioner）和研究者（researcher）双重身份，不仅要做好本职工作，还要对相关问题有专门研究。两种身份，两个视角，让我更深刻地认识了联合国。作为国际职员，微观参与到工作的细枝末节，感受到联合国的组织文化和运作模式；作为研究者，宏观关照到联合国在国际事务中的影响力。我尝试开展参与式的研究，做一个研究型的职员，既要脚踏实地，也学着“总揽全局”。

双重身份的实习经历很独特。在北京的联合国机构实习时，我查找了公开材料并采访办公室官员，写成了关于“中国与联合国志愿人员组织互动”的本科毕业论文。后来，在纽约联合国秘书处收获更大。2015年这一年联合国七十岁了，有维和、建和、妇女问题三个重要报告出台，每年一度的联合国大会更是空前盛大。我在工作中，看尽了高大上的“热闹”：参与接待各国首脑（包括习近平主席及其夫人）、教皇访问联合国秘书处，组织实习生与秘书长合影，举办联合国招聘宣讲会等等。工作之余，我还心系研究的“门道”：参加了有关联合国文件搜索的系列培训，旁听了安理会、联合国机构的大小会议，采访到时任联合国副秘书长维和部部长苏和（Hervé Ladsous）、前联合国驻中非共和国和乍得秘书长特使尤瑟夫·穆罕默德（Youssef Mohmoud）、前联合国副秘书长阿瓦儒尔·乔杜里（Anwarul Chowdhury）大使等重要人物，最后我作为哥伦比亚大学访问学者完成了“妇女与和平”的调研报告，那也是我对非洲和平研究关注的起点。联合国创建初衷就是为防止大战、促进和平，和平研究也是联合国研究的重要支撑。

近来，我又发现了与联合国交往的第三重身份：世界公民。实习归来，我买了很多联合国纪念品送给家人和朋友。我一边送出印着可持续发展目标（SDG）的日历，一边介绍联合国。家里人听得兴致勃勃，事后或口耳相传，或躬身实践。爸爸去乡下义诊，大姑去参加植树活动，虽然都是身边小事，但是他们会自豪地说：我们在落实联合国的SDG，我们也要做世界公民。大家都发现联合国没那么遥远，不是只出现在电视上、总部在万里之外的一个组织，他其实就在我们周围，每个人都可以落实联合国的理念。再后来，我的小讲堂又延展。在一些老师的邀请和支持下，我在北大、清华、外交学院等高校举办讲座，透过我的视角介绍联合国和SDG，启发更多的同学成为世界公民，参与全球治理工作。作为世界公民，我们也在成就联合国，让他的理念更广泛地传播，让他的号召更切实地落地。

纵观六年，从一心地仰慕崇拜想进入联合国，到冷静客观地研究和思考联合国，再到努力去成就联合国的理念和行动，我对联合国的认识愈加成熟。纵观六年，我与联合国交往的身份四位一体，既是一个国际职员也是一个研究者，既是一位中国人也是坚定的世界公民，这些身份和视角建构起我对联合国的独到思考。纵观六年，我的这些观察与成长轨迹，构成了本书的写作脉络。

这是一本图文并茂的小书，从实习生、研究者和世界公民三个视角，讲述了我六年的联合国故事。现在有越来越多的大学生立志去国际组织工作，作为同龄人，我很乐于分享自己的一点经验和思考，希望能启发更多青年人将自己融入到对世界、对人类的贡献中。书中介绍了联合国系统、招聘途径、晋升方法等信息，还探讨了SDG、中国参与维和等时下热议的话题，插入了很多联合国“高大上”外事活动的小花絮，也有名人访谈的独家曝光。内容新颖有趣，语言生动活泼，力求深入浅出。

历时一年多，这本书终于问世了。我想借此机会向导师王逸舟老师致以深深的感激，王老师带领我走进联合国研究，给予我大量的指导和帮助，教导我保持理想，为国家和人类做贡献。感谢我的父母给我无私的爱，写作不易，他们永远鼓励和陪伴着我。此书顺利出版，仰仗北京大学非洲研究中心的慷慨资助，中心刘海方老师总是那么鼓励和支持像我一样对非洲研究充满热情的青年；时事出版社编辑部主任谢琳也给我鼎力支持，在此表示衷心感谢。

我的联合国之路承载着师长、亲友的殷切期待和诚挚襄助。感谢复旦大学张贵洪教授在联合国研究领域对我长期的帮助和提携。感谢华东师范大学刘军教授和弗吉尼亚大学艾伦·

林奇（Allen Lynch）教授促成我的纽约之行，那是我联合国实习故事的起点。感谢关爱我的联合国朋友们：联合国中文处处长温学军、前联合国维和行动部军事厅官员戴祁林、前联合国维和行动部军事厅官员刘江、中国常驻联合国代表团官员任达志、联合国经济与社会事务部官员杨文艳、联合国开发计划署亚太局局长徐浩良、联合国管理部官员唐春林、联合国地球地理信息管理专家委员会共同主席李鹏德、前联合国人力资源厅外联处实习生李一萱、前联合国人力资源厅外联处处长约翰·埃里克森（John Ericson）、前联合国维持和平行动部助理秘书长伊丽莎白·林邓麦（Elisabeth Lindenmayer）教授、前联合国秘书长特使尤瑟夫·穆罕默德、前联合国副秘书长阿瓦儒尔·乔杜里大使、前联合国副秘书长苏和、前联合国志愿人员组织中国办公室官员宋佳（Sonia Song），感谢他们不吝时间和知识，无私分享他们的深刻洞见。

感谢北大，这里思想自由、兼容并包，我深爱着这块圣地。这里是我学术研究生命的起点，三年前我从这里毕业走向联合国，现在又回到这里攻读博士继续研究联合国事业，定当不忘初心，矢志不渝。

2017年10月24日于北京大学

# PREFACE

Over six years of my twenty-six-year life, I have been fascinated with the United Nations (UN) . He is more than seventy years old but forever young in my heart, witnessing my growing up and making progress.

My journey with the UN experience began as a researcher when I was a junior in Peking University. I, as well as my passionate young friends initiated a research project in late 2011. It gave an overview of the state of China's UN research, which we dissected in three parts, by institute, by scholar, and by literature. This initial research project won the First Prize in the Peking University Challenge Cup Academic Competition, and the paper was published. During the research time, we interviewed scholars and officials who were present at important moments of China's diplomatic history. After these personal interactions, my passion for academic research was kindled, and I was more curious and eager to work in the UN.

My relationship with the UN grew as a practitioner. I had two internship experiences in the UN system; one was with the UN Volunteers China Office in Beijing in 2013, and the other was with Office of Human Resources Management at the UN Secretariat in New York in 2015. While working at the offices on a daily basis, I learnt a lot and acquired deeper understanding of the organization. Its core values, integrity, professionalism and respect for diversity are now firmly entrenched in my work ethic. In addition, I've kept my passion for research. I conducted many interviews in the UN circle in New York regarding the subject on Women, Peace and Security, Peacebuilding and Sustainable Development Goals (SDG). Those interviewers inspired me to immerse myself in Peace Studies from then on. I was fortunate to be in a position of being a researcher and as well, a practitioner.

Now I serve as a global citizen with the UN. I became a messenger of the UN when I convinced my families and friends in support of SDG in daily life, and when I gave lectures and encouraged more peers to work for the world. The ideas and practices of the UN are disseminated by global citizens like me who are committed to a sense of belonging to a broader community and common humanity.

My thoughts and reflections on six years of involvement with the UN as a practitioner, a researcher and a global citizen, are the roots and substances of this book. It's written especially by and for the young, who are determined to serve the world by being international civil servants. I hope my peers benefit from this book and extend their understanding of working in the UN as a young professional.

The book introduces the UN Headquarters Building, the UN recruitment and promotion information, and side stories of 70$^{th}$ General Assembly Session based on my practitioner experience with the UN. Also, as a researcher and a global citizen, I discuss some currently hot-debated issues such as SDG, peacekeeping reform, women empowerment and geospatial information management in the UN context. This book is largely enriched by my interviews with UN officials who have been extremely generous with their time and insights. Many pictures I took at the UN are included and they document my privileged moments with the former Secretary-General Ban Ki-moon, the heads of the governments during the 70$^{th}$ General Assembly, and also, my peers and friends at this remarkable organization.

Acknowledgement:

There are many people who deserve special thanks for helping me make this book a reality. Their assistance was invaluable during my stay in New York, both as an intern in the UN and as a visiting scholar in Columbia University. I would like to put on record my personal appreciation for the commentary and guidance of my UN mentors. Particular thanks go to Professor Elisabeth Lindenmayer, Mr. John Ericson, Dr. Youssef Mohmoud, Ambassador Anwarul Karim Chowdhury, Mr. Xuejun Wen, Mr. Haoliang Xu, Ms. Wenyan Yang, and Ms. Maria Aller. I also owe my thanks to

Professor Allen Lynch and Professor Jun Liu, who made it possible for my visit to New York where my story began.

In both the research phase as well as the development of the manuscript, I have gained a great deal from my mentors on UN research. I would like to give my heartfelt appreciation to Professor Yizhou Wang, Professor Haifang Liu, Professor Guihong Zhang, Mr. Alexander Jacob and Mr. Ernest E French. Their guidance, assistance and consistent support with my research were very precious and this book would not have seen the light of day without them.

I am especially indebted to my home institution, Peking University. I particular want to thank the Center for African Studies at Peking University for their generosity to help publish the book. Also, I sincerely thank all of my friends, family and institutions for their unstinting advice and help.

# 仰慕崇拜

## 作为一个联合国实习生

# 终于“混进”联合国了

多年的梦想，经过持续努力，正在逐步接近。2015年4月4日，我作为哥伦比亚大学的访问学者飞往美国纽约——联合国总部驻地，这让我兴奋激动，浮想联翩。到纽约的第6天，应朋友之邀，我迫不及待地要去联合国总部看看——在联合国问题上关注了这么多年，终于可以近距离观察一下它到底是什么样子。之前，一直在哥大附近办理开学注册等事宜，所以这是我第一次坐地铁“进城”。4月初的纽约还很冷，那天早上又逢下雨。我从42街中央车站地铁站下来，出了地铁口还走反了方向……原本一刻钟的路程，我用了一个钟头，

**图1　联合国纽约总部**

脸上分不清雨水还是汗水了，终于在不远处看到了联合国总部大楼。由于那天下雨雾气重，联合国跟过去在照片上看到的亮丽活泼的样子不同，显得很沧桑而沉静。这让我想起，联合国在二战的废墟上建立起来，那时的世界百废待兴，也许就是这个样子。

到了联合国总部在 47 街的入口，中国常驻团的朋友也刚到那里，他用他的工作证才能带我参观总部里面。见了面，我们寒暄几句，就一起快步走进总部大门。这个我关注了多年的国际组织，今天就可以身临其境了，我真是既兴奋又紧张。不能免俗，到了总部，首先去参观大会堂、安理会、经社会等几个会议厅，还在联合国食堂蹭了饭。当然，我开启了边走边拍模式，常驻团的朋友很友善地全程充当摄影师。有一张照片，我印象很深刻。在安理会会议厅旁边有个小型新闻发布台，是安理会轮值主席在开会当天中午发布媒体简报的地方。我也装模作样，在栏杆外摆拍了一张（见图 2）。同时，我也陷入了思考，联合国的人是在栏杆里发言，而我现在还站在栏杆外，怎么能够跨进去看看里面什么样呢，联合国内部到底是如何运转的呢。

我对联合国的长期关注和研究大部分是在理论和书本上进行的，要成为真正的研究者，必须要进入其内部，要有自己的亲身体验，而申请实习应该是一个比较容易的路径。于是，我去联合国官方网站查找，按照要求在 Inspira 系统里填写了申请；又去联合国附属机构的网站找，发邮件投简历，都迟迟未见回复。后来，我咨询了几位在联合国工作的年轻朋友，他们多是通过实习留下来的。他们说，当时申请实习周期确实很长，申请后等了好几个月甚至半年，都快把申请实习这事忘

**图 2　作者在联合国纽约总部安理会会议厅外的新闻发布台**

了，某天突然又收到联合国实习录用的邮件。看来，我只能等待。

我又想尝试联络推荐实习的机会。我在上海联合国研究会兼职工作了 2 年有余，其间举办大型国际会议，邀请联合国开发计划署、联合国政治部的官员，我询问研究会秘书长张贵洪老师，请他帮我推荐，老师当即表示愿意帮忙，邮件也发了，不过，需要等待。

联合国实习需要等，那就再试试其他能进入联合国的途径。我之前关注过联合国与非政府组织的互动方式，联合国会邀请有经社理事会咨商地位的非政府组织派代表到联合国参加活动。在一次会议上，我结识了中国和平发展基金会的负责人，中国和平发展基金会在 2014 年获得了联合国经社理事会咨商地位，可以派代表常驻、自由出入联合国。我给基金会的秘书长去信，询问是否可以委任我做基金会驻联合国代表或志愿者，这样我就可以申请联合国通行证，参加总部的会议、活动，我会定期向北京汇报工作。我的提议得到了基金会的同意，但是具体的审批流程需要等待。

冬去春来，我感觉等得花儿都开了，转眼到了5月份。学校放假了，联合国的实习还没结果，于是我去波多黎各的阳光沙滩玩了两周。回来之后，常驻团的朋友说联合国有一个好玩的活动邀请我参加，我欣然答应，而这次活动后来竟成了我所有联合国故事的起点。

2015年6月2日，在联合国纽约总部内举行了“国际义卖”（International Bazaar）活动。在总部的北草坪有一个大集市，每个成员国拿出本国的特色产品出卖，所得善款赠给联合国儿童与妇女发展基金。这个活动是由“联合国妇女协会”（United Nations Women Guild）组织的，这个妇女协会就是由联合国高官及常驻团大使的夫人们组成的“夫人团”，团长就是当时的联合国第一夫人柳淳泽女士，看来哪里都有“夫人外交”。

一到会场，很是热闹。我去沙特摊位吃了甜枣，去波兰摊位买了肖邦传记，后来看到了熟悉的五星红旗。在中国摊位，没见到中国常驻团大使刘结一，但是遇到了他的夫人——中国驻纽约总领事章启月大使，果然到处都体现着“夫人外交”。我跟启月大使介绍了自己，她热情地叫我过去，然后从包里翻东西要给我。我很期待，这是要送给我什么呢？终于，她找出一张名片，上面印着中国驻纽约使馆微信公众号的二维码，让我扫码关注。受她之托，此处我也插入软广告一则：2011年11月，外交部开通了一站式的领事服务网络平台，先后开通“外交小灵通”微博和微信账号，开展海外安全提示，为民众提供“信息上门服务”；2014 年 9 月 2 日，正式启动了“外交部全球领事保护与服务应急呼叫中心”，身处世界任何角落的中国公民在遭遇困境时都可以通过拨打“12308”向祖国寻求领事保护和协助。

**图 3　作者与时任中国驻纽约总领事章启月大使**

言归正传，来参加义卖活动当然很有意思，但我还是希望有机会接触联合国的工作人员。于是我来到服务处，表明来意之后，就自告奋勇加入现场志愿者的队伍。一位美丽又热情的女士马丽娅（Maria）接待了我，她说：那你就去卖抽奖券吧！抽奖券（raffle ticket）也是义卖活动的筹款方式，每张券卖 20 刀，买了券就有抽奖机会，奖品是成员国提供的，基本都是从纽约到该成员国的双人往返机票。

**图 4　作者与潘基文的妻子柳淳泽女士**

就这样，我跟几个志愿者一起卖抽奖券，他们都是各国大使家的“熊孩子”，为了学校的志愿者服务学分而来的。当然，并不是每个游客都愿意花这20刀的，有人愿意买甚至连买两三张，也有人微笑着说一会儿再买。几个志愿者通过实践发现：穿衣体面的中年男士一般都不会拒绝，我不信，我认为女士当然也会支持我们自己的妇女儿童基金。我们打赌看谁卖得多，他们几个主要推销给男士，我就专找女士。有一位身着白色上衣的阿姨，看起来很温和，我就跑过去向她推销，她很欣喜地买了5张。开心之余，我发现还有人来给我们拍照，后来得知原来她就是团长大人、潘基文的妻子柳淳泽女士，她温柔慈祥、平易近人。

这一天的活动很有趣，我见到很多“传说”中的人，还跟他们交谈，收获颇丰。时任联合国秘书长潘基文也来到现场，为妻子的活动站台。傍晚活动接近尾声，志愿者们回到了服务处稍作休息时，组织者马丽娅一直都很活泼，看到大家就聊起到联合国实习的事情，建议大家有机会可以去Inspira上申请联合国的实习。“报国无门”的我听了她的讲述，就脱口而出：“联合国网上的申请真的靠谱吗？流程不是一般地慢吧？”

马丽娅笑了，她说：“联合国的工作效率确实有时候被人批评，但是实习生的事情是各个案例不同的。比如最近我们有一位实习生快要到期了，希望招募一个新的实习生，但是没有很合适的，所以很发愁。”

我马上问：“是什么样的岗位呢？”

她说：“我们是人力资源管理办公室（Office of Human Resources Management）下面的外联部，实习生主要负责运营社交媒体，比如Facebook、Twitter、LinkedIn，另外我们也有微博账号，所以需要招募一位会中文的实习生。”

我惊喜极了，因为我曾在联合国开发计划署驻华办公室实习过，工作内容就是运营社交媒体。我跟马丽娅说明了情况，她也很兴奋，认为我不仅能够胜任岗位，而且能够尽快入职，她希望我尽快联络她！机会终于来了！

6 月 2 日晚上，活动刚刚结束，我给马丽娅发信介绍自己的背景和希望尽快开始实习的意愿。3 日上午，我接到她的电话，我们商定从 7 月 1 日开始实习，为期 6 个月。4 日，我在 Inspira 系统申请了指定的实习岗位。后来，由于我签证的原因，我只能实习 5 个月，我发信说明情况。信发出去几日未见回复，我有点担心，不会因为这“一个月”的问题跟联合国又擦肩而过吧？12 日，马丽娅回复我：Not a problem（没有问题）。刚打开邮件看到“not”时我还吓了一跳，后来看到她的肯定回复，我稍感安慰了。14 日，我正式收到了联合国秘书处总部的实习录用函。随后，我发信提交了在学证明、保险证明、健康证明、签字的实习协议等材料。至此，去联合国实习应该是板上钉钉儿的事情了。借用联合国开发计划署亚太局徐浩良局长在聚餐时开玩笑对我说的话：“恭喜你，终于‘混进’来了！”是的，我终于名正言顺、正大光明地跨进联合国总部了！



每当我跟朋友们讲起申请联合国实习的经历时，我们都喜欢用“幸运”来判定这些奇遇记。多年来，我也一直觉得自己很幸运。直到快离开纽约，我请哥大的林邓麦教授为我写评定报告的时候，她的评价启发我更深入地认识自己，她说：“文婷是一个非常聪明的年轻人，她设定了目标后，总能坚持不懈地努力达成；她拥有高超的人际交往能力，这在联合国的工作环境中是极其重要的。”也许我的天然性格和对联合国事务的热情促成了这一切“幸运”。至此，我在联合国的故事正式拉开了序幕。

# 初来乍到

2015年7月1日，正值党的生日，到联合国入职，阳光明媚，心旷神怡。早上8点半，我到了联合国总部大楼对面的办公室，办理入楼通行证。现场拍照和录入信息，证件立等可取。通行证从上到下依次是照片、姓名、签名、职员编号、证件类别和工作部门，最下面是证件有效期。图5是我的联合国证件，从上到下就是：我的个人照片，我的姓名孟文婷，我用中文的签名，职员编号534495，A类证件、在DM（Department of Management 管理部）当实习生（intern），证件有效期到2015年11月30日，也就是我实习合约上的最后一天。

我见到的证件类别大致有5种：（1）像我们实习生的类别是A（affiliated）证，不是正式职员，是附属人员，A类人员还包括咨询人（consultant）、挂职工作（fellowship）等，我理解这类人群就是国内讲的"编外"人员；（2）媒体记者是P（press）证；（3）非政府组织是N（NGO）证；（4）联合国系统正式工作人员是S（staff）证，是联合国的"编制"户；（5）各国常驻联合国代表团是D（delegate）证，而且字母 D 是鲜亮的红色，区别于其他的蓝色字母。

**图 5　作者的联合国总部通行证（UN Pass）**

不同的证件，在总部内部的通行权限不同。D、S 证如金牌令箭般畅通无阻，还可以带外部人员进入联合国参会或参观，是名副其实的“编内”人员通行证；A、P、N 证可以出现在会议楼、秘书处大楼的一些位置，但不能进入安理会、经社会、托管会三大会议厅的二楼主会场（参会人员的通道），也不能带外面的人来联合国，这张证只能让持证者本人有限制地在总部内行动。虽然因被分到了“下等民”而内心委屈，但是我承认这样更方便管理，尤其更有利于保护总部大楼的安全。

拿到通行证也快到上班时间（9 点）了，通过联合国大门的安检，我就来到了办公室——秘书处大楼 19 层。秘书处大楼一共有 38 层，跟一般办公楼差不多，级别越高，办公室楼层越高。联合国秘书长、常务副秘书长在 38 层办公，各部门的副秘书长、助理秘书长分布在 37、36 层不等；与大众接触比较多的部门在较低楼层，比如新闻发言人（Office of the Spokesman for the Secretary-General）和新闻部（Department of Public Information）的办公室在 2 层。我所工作的管理部（Department of Management）在 19 和 18 层，看来还算个中层部门，是上传下达的位置。

**图 6　早上 8 点的办公室**

进入 19 层的办公室，就见到了马丽娅，我们用联合国独有的方式问候——握手致意并左右脸颊“么么哒”两下。马丽娅给我介绍了工作的小团队，我们是管理部下面的人力资源管理办公室下面的战略计划及职员管理司下面的外联处，隶属关系比较长。我们这个外联处由3个正式职员和2个实习生组成，“3比2”也反映出整个联合国的人事特点——实习生撑起了半壁江山。3个正式职员，有负责行政事务的马丽娅，负责专业事务的埃里克森先生，还有借调过来的专业职员格林达。2个实习生，是我和一个韩国金小妹。理论上讲，我应该向部门最高主管埃里克森先生汇报，但是实际工作中，这三位都是我的领导（supervisor）。

**图7　拍于格林达的欢送会，从左到右依次是作者、马丽娅、埃里克森先生、格林达、金小妹**

外联处是一个比较新的办公室，刚成立两三年，主要负责向公众宣传联合国招聘的信息，让更多有识之士来到联合国效力。我们部门虽小，但是分工明确。埃里克森先生经常出差，受会员国政府邀请去一些大学、企事业机构宣讲联合国招聘的渠道、政策等信息。马丽娅常驻办公室，一般每3个月组织两个品牌活动：一个是组织秘书处的实习生跟秘书长拍照的活动，另一个是在总部举办联合国招聘政策报告会。格林达协助埃里克森先生完成一些有关人力资源的调查和报告。实习生则负责运营联合国招聘（UN Careers）的各种社交媒体账号，包括脸书（Facebook）、推特（Twitter）、领英（LinkedIn）、微博；同时协助办公室其他的日常工作。

**图 8　作者在秘书处大楼办公室**





不知不觉就到了中午吃饭的时间，我跟实习生们约好一起到联合国食堂就餐。联合国可就餐的地方有好几处：在会议楼 4 层有代表团自助餐厅，会议楼地下 1 层维也纳咖啡厅卖好吃的可丽饼，秘书处大楼 1 层大厅还有小型开放式的咖啡厅，不过大家午餐时间最常去的当属秘书处 1 层的联合国食堂。食堂提供蔬菜、肉类等称重计费的菜品，还有披萨、意面、寿司等专门菜肴。一顿饭下来，大约 10 刀，吃得不错，也不用缴消费税。就餐区面朝东河，是名副其实的“河景餐厅”。

**图 9　联合国食堂买饭区**

**图 10　联合国食堂就餐区向外望向东河**

午休时间从 12 点到下午 1 点半，之后我回到办公室，做起了联合国职员规章测试。实习生在入职后两星期内，需要学习“联合国关于预防工作场所骚扰、性骚扰以及滥用职权”和“联合国国际公务员诚信意识”的课程，并完成相关测试。我觉得非常有趣，“诚信意识”课程规定不让做的事情倒是提醒了我联合国职员确实有很多“方便之处”，比如凭借联合国通行证在楼下纪念品店和书店买东西可打八折，但是联合国规定不能借给别人用。

下午时分，马丽娅建议我去参加联合国总部的游览，熟悉一下环境。我跟着联合国导游姐姐走了一圈，基本都是我 4 月份来参观过的地方。游览的最后一站是地下一层的纪念品商店，正好我可以去享受一下我的八折优惠。商店里最火的产品，莫过于各国的国旗和联合国旗子。作为研究者，在联合国书店买几本总部印刷出版的图书也是不错的选择。

图 11　“联合国预防工作场所骚扰”课程的内容

图 12　联合国书店

此外，还有两件鲜为人知但颇具纪念价值的事情：其一，从联合国总部邮寄一张明信片，并且联合国现场可以为个人拍照制作邮票，但邮票只能在联合国邮政系统内有效；其二，在卖明信片的窗口，可以在护照上加盖联合国的印戳，就像出入一个国家留下的海关印戳一样，标志着到此一游过。

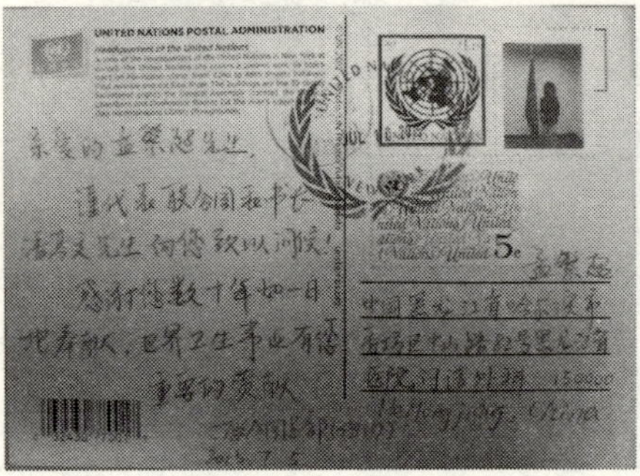


**图 13　作者从联合国总部给老爸邮寄的明信片，邮票是作者在总部邮局现场制作的**

**图 14　联合国总部的印戳**

短暂的联合国内部游览告一段落，我顺路到联合国图书馆看看。哈马舍尔图书馆坐落在秘书处大楼的南侧，当时图书馆大部分地区在装修，只有一楼的阅览室对外开放，所有的藏书都在地下闭架。作为实习生，可以在部门负责人的担保下借书。我在图书馆的电脑上查到并借了一本牛津大学出版的《联合国指南》（The Oxford Handbook on the United Nations），想全面了解下我所在的地方。

再次回到办公室已经 5 点多，大家都开始离开办公室了。就这样，我紧张活泼的入职第一天即将结束。我感觉，联合国工作中，责任分工明确，上下级是平等对话的，工作氛围很轻松活泼。联合国同时也是一个外交场所，人与人之间的问候、交往方式非常礼貌和友善，交流与表达也要倍显尊重和客气。

## 联合国家族

作为联合国人力资源办公室的一员，了解联合国家族是我的必修课。为此，我查看了联合国官方网站，还阅读了在图书馆借的那本《联合国指南》，有很多思考和发现。

**图 15 牛津大学出版的《联合国指南》**

联合国家族又称联合国系统，这个系统的主干部分是联合国的六大主要机构——大会、安全理事会（安理会）、经济与社会理事会（经社会）、托管理事会、国际法院及秘书处。英文中这个主要机构一词，用的是“main organ”。我们知道，“organ”还有器官的意思，是指与其他分担共同功能的结构一起组成的系统，下面让我们看一看联合国六大主要机构的“功能”：

| 主要机构 | 职能 |
| --- | --- |
| 大会 | 联合国的主要审议、决策和代表性机构，由联合国全部193个会员国组成，是唯一具有普遍代表性的机构。每年9月，大会的所有会员国齐聚纽约，在联合国大会会议厅召开年度会议，并举行一般性辩论，多国国家元首出席一般性辩论并发表讲话。大会对于重要问题的决定，例如关于和平与安全、接纳新会员国和预算事项的决定，必须由三分之二多数通过；其他问题只须以简单多数通过。大会每年选举一名大会主席，任期一年 |
| 安全理事会 | 负有维护国际和平与安全的首要责任。安理会有15个理事国（5个常任理事国和10个非常任理事国），每个理事国有一个投票权。《联合国宪章》规定，所有理事国都有义务履行安理会的决定。安全理事会率先断定对和平的威胁或侵略行为是否存在。安理会促请争端各方以和平手段解决争端，并建议调整办法或解决问题的条件。在某些情况下，安全理事会可实行制裁，甚至授权使用武力，以维护或恢复国际和平与安全。安全理事会设立轮值主席，任期一个月 |
| 经济与社会理事会 | 就经济、社会和环境问题进行协调、政策审查和政策对话并提出建议，以及落实国际发展目标的主要机构。经社理事会作为联合国全系统开展各项活动的中央机制，其下设立多个涉及经济、社会和环境领域的专门机构、附属监督机构和专家机构。经社理事会共有54个理事国，经大会选举产生，任期三年。经社理事会是联合国对可持续发展问题进行反思、辩论和创新思考的核心平台 |
| 托管理事会 | 于1945年根据《联合国宪章》第十三章设立，对由7个会员国管理的11个托管领土实行国际监督，并确保管理国采取适当措施为托管领土的自治或独立做好准备。截至1994年，所有托管领土都已取得自治或独立。托管理事会于1994年11月1日停止运作 |

| 主要机构 | 职能 |
| --- | --- |
| 国际法院 | 联合国的主要司法机构，位于荷兰海牙的和平宫是联合国六大主要机构中唯一设在美国纽约之外的机构。国际法院的职责是依照国际法解决各国向其递交的法律争端，并就正式认可的联合国机构和专门机构提交的法律问题提供咨询意见 |
| 秘书处 | 由秘书长和在世界各地为联合国工作的数万名国际工作人员组成，负责处理大会和其他主要机构委任的各项日常工作。秘书长是联合国的首席行政长官。联合国从自全球各地招聘国际和当地职员，其工作地点及维和特派团也遍布世界的各个角落 |

以上关于联合国职能的介绍，都是官方网站[①]上写的，说得有点抽象。实际运转过程中，这六个机构到底起到什么作用呢？在牛津大学出版的《联合国指南》一书中，纽约大学法学教授阿瓦瑞兹（Jose Alvarez）提出了一个问题，联合国的组织构架似乎有点像三权分立的建制。[②] 为了论证这个问题，我粗略勾画了两个小图（见图16），左边是美国“总统制”的政体图，右边是联合国“秘书长制”的比照图，下面介绍一下我的“创作过程”。

先来大概介绍一下美国的“总统制”图。众所周知，在《宪法》之光的普照和指导下，美国实行立法、司法、行政三权分立的制度，国会是立法机构，法院是司法机构，总统及各级政府部门代理行政权。其中国会分为参议院和众议院，立法

① 参考：http：//www.un.org/zh/sections/about-un/main-organs/index.html，登录时间：2016年12月11日。

② Edited by Thomas Weiss and Sam Daws，The Oxford Handbook on the United Nations，New York：Oxford University Press，2007，pp. 58 –68.

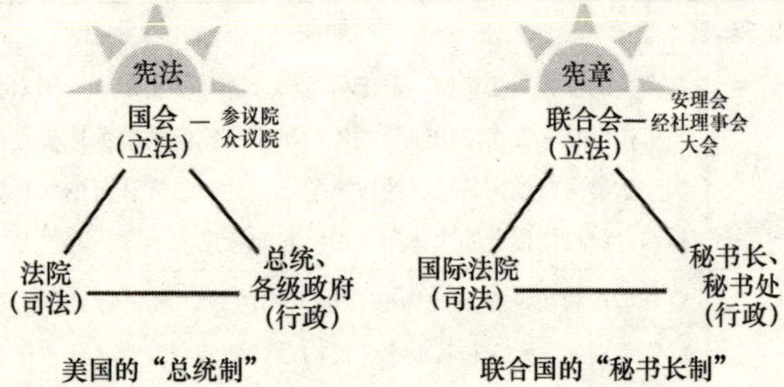


**图 16 “总统制”与“秘书长制”的权力结构图**

需要经两院通过、总统签署方可实施。如果总统拒绝签署，动用了否决权，也可经过两院全体议员的 2/3 以上直接通过，法案自动生效，无需总统签署。这样看，美国总统有立法否决权，但是只有一次机会，也可能阻止不了一个法案的通过。两院也各有特色：众议院议员数量按照各州人口比例来定，具有代表性，一般众议院具有较浓的党派色彩；参议院比众议院更审慎，在条约批准、人事任命等方面拥有独有的支配权力。

比照美国的“总统制”，再来讲讲我创造的联合国的“秘书长制”。同样，《联合国宪章》是指导联合国一切思想和行动的最高纲领，明确了联合国的宗旨、机构职能和权力等等。我认为联合国的立法机构是安理会、经社理事会和大会一起构成的“联合会”，国际法院是司法单位，秘书长及秘书处负责行政工作。在立法机构中，安理会像参议院一样，有很大特权，甚至可单独创制法律，其通过的决议直接对所有成员国有法律约束力。大会跟众议院一样具有广泛的代表性，成员国表决通过的决议具有一定的法律效力；同时，类似于众议院的党派色彩，大会里也充斥着发展中国家和发达国家之间的派系斗争与对抗。经社理事会介于参议院和众议院之间，对经济与社会领域的事务进行审核与建议，并没有直接立法权力。在海牙的国际法院对应美国的法院，是司法机构；秘书长及秘书处的工作类比“总统制”下的总统和各级政府，秘书长如总统一般具有任命权，比如任命经社理事会下面附属组织的总干事，或者任命秘书长特使到维和任务区工作。

这个类比出来的“秘书长制”看起来是不是很完美？联合国系统里也有一个三权分立？其实不然，相比“总统制”，“秘书长制”的联合国在三种权力上都大打折扣。在联合国中，“法”以各种决议、主席声明、条约等形式存在。当你翻开这些决议查阅其内容，会发现其中大部分语言是“建议”“鼓励”“谴责”等“软语言”。

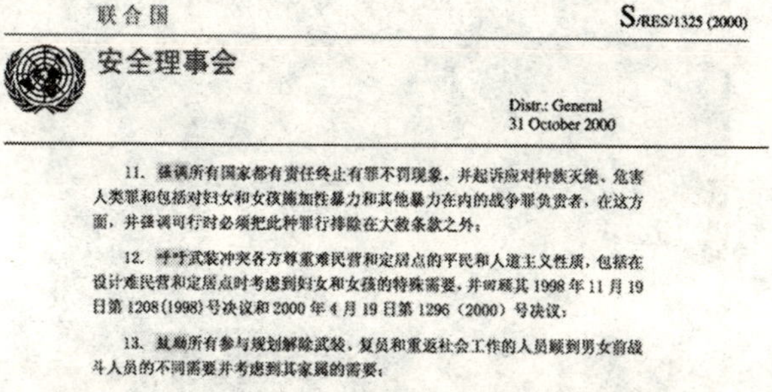
联合国　　S/RES/1325 (2000)

安全理事会

Distr.: General
31 October 2000

11. 强调所有国家都有责任终止有罪不罚现象，并起诉应对种族灭绝、危害人类罪和包括对妇女和女孩施加性暴力和其他暴力在内的战争罪负责者，在这方面，并强调可行时必须把此种罪行排除在大赦条款之外；

12. 呼吁武装冲突各方尊重难民营和定居点的平民和人道主义性质，包括在设计难民营和定居点时考虑到妇女和女孩的特殊需要，并回顾其1998年11月19日第1208(1998)号决议和2000年4月19日第1296（2000）号决议；

13. 鼓励所有参与规划解除武装、复员和重返社会工作的人员顾到男女前战斗人员的不同需要并考虑到其家属的需要；

**图 17　联合国大会文件，安理会第 1325 号决议**

也就是说，大会只是在《联合国宪章》授权范围内“讨论”问题，只能提出不具有法律强制力的“建议”。同理，在最有权力的安理会，也只能在《联合国宪章》规定下，“建议”成员国使用和平形式解决争端。虽然安理会可以在《联合国宪章》第七条的授权下行动，但是这些行动必须在认定该冲突威胁国际和平时才能使用。安理会授权的军队，任何情况下，都是通过自愿的军事协议由成员国派出的。国际法院的司法权也是受到极大限制的，必须基于冲突国家自愿接受国际法院的管辖，不能单方面起诉。联合国秘书处更不像“总统制”里政府部门的角色，秘书处不是联合国决议的执行者，其行使的“行政权”是提供机构日常运转“行政服务”的。联合国决议的真正执行者，其实是各个成员国，是成员国的政府部门。同时，秘书长的权力受到很大限制，只有“报告”的权力，即将他认为威胁国际和平与安全的事件提请安理会进行讨论，更不用说像总统那样拥有否决权。

**图18　2015年7月30日，俄罗斯在安理会否决了关于为马航飞机在乌克兰上空遭遇击落而设立国际法庭的草案；此前，俄罗斯在7月8日否决了关于认定斯雷布雷尼察发生的行为是灭绝种族行为的草案；一个月之内两次使用否决权①**

① 摄影：史霄萌。

那么谁拥有否决权呢？你一定知道，是安理会五个常任理事国——美国、英国、法国、中国、俄罗斯。《联合国宪章》第二十五条规定：联合国会员国同意依宪章之规定接受并履行安全理事会之决议。也就是说，安理会15个国家通过的决定对所有成员国都有约束作用。安理会通过决议，需要得到9个同意票，且没有否决票。可以说，联合国事务的重要决策权是掌握在安理会五常手里的，所以“大国一致”一直是联合国有效运转的重要原则。当然，也有大国利益和观点不一致的时候，想想现在的叙利亚和冲突仍在持续的乌克兰，联合国这位70多岁的老人也只能叹息，只能做些人道主义救援的善后工作。

说得有点沉重了，虽然这是现实，但还是让我们来放眼一下丰富多姿、充满活力的联合国家族吧。我找到一张联合国新闻部刊发的联合国系统图，非常清楚、完整地梳理了整个联合国系统的组织架构。

图19的左边列出了联合国六大主要机构，从上至下标为绿色、橘色、蓝色、黄色、紫色和灰色。在秘书处下面有没有找到我工作的管理部？图19的右边就是联合国家族中附属于这六大机构中的相关组织，它们有些是隶属于多个主要机构，比如“研究和训练机构”“其他实体”都是既要向大会又要向经社理事会报告，按照这两个机构的指示和决议办事。

经社理事会下面有很多“基金和方案”“专门机构”，像联合国开发署、联合国儿童基金会、世界银行等都是耳熟能详的组织。这些组织具有相当的独立性，方案和基金通过自愿捐助而非分摊会费获得资金；各专门机构是独立的国际组织，并

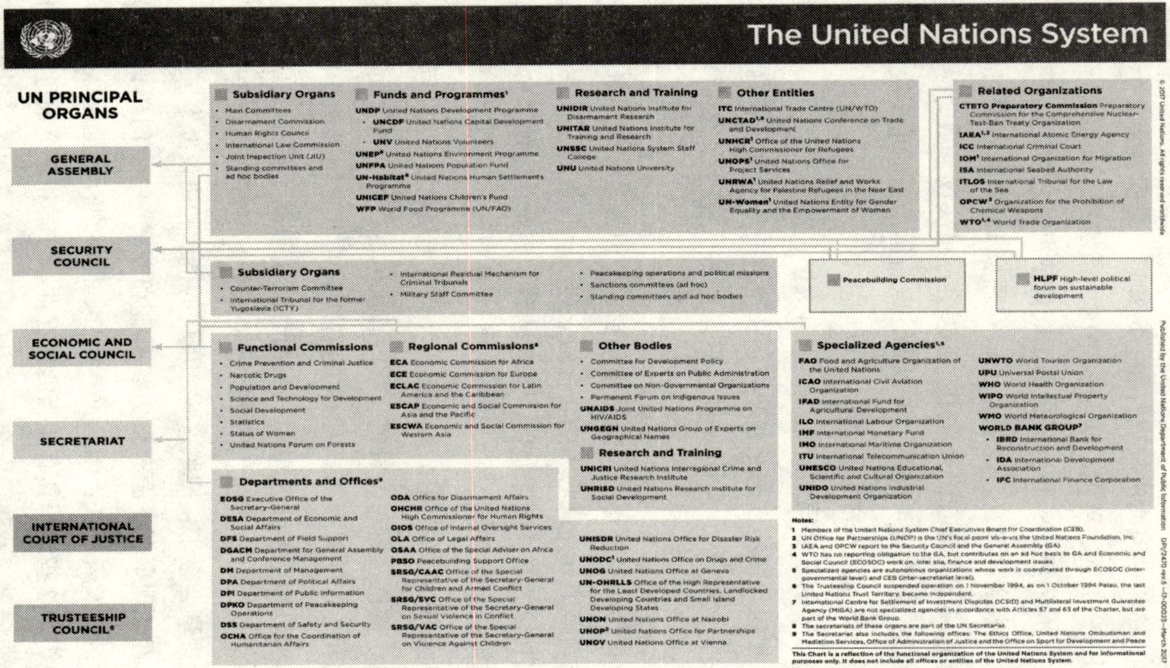


图19 联合国系统图（2017年版）

通过自愿捐助和分摊会费获得资金。虽然它们看起来隶属于经社理事会，但是其有独立行事的能力，毕竟“没用你的钱，就不要插手我的事儿”。为了协调联合国系统中庞杂的组织机构，联合国成立了行政首长协调理事会（首协会），联合国秘书长担任协会主席，这是联合国历史上最悠久和级别最高的协调论坛。首协会的成员是联合国系统中最主要的31个组织，包括了联合国秘书处、12个基金和方案、15个专门机构以及3个相关组织。①

看过联合国系统图后，有没有发现联合国是个好大的家族。无论你正在从事哪个专业的学习或工作，有没有一点点心动以后也来加入联合国大家庭呢！

**推介技能：“文山会海”理头绪②**

有很多人戏称联合国是“开会俱乐部”，这并非完全没道理。前联合国副秘书长金永健大使说，他当时负责的大会和会议管理部是纽约秘书处人员最多的部门，每年要安排六、七千

① 它们具体是，基金和方案：贸发会议、联合国开发署、联合国人口基金、联合国环境署、联合国禁毒办、联合国人居署、联合国儿基会、联合国难民署、联合国近东救济和工程处、联合国妇女署、世界粮食计划署、联合国项目服务办公室；专门机构：国际电信联盟、世界气象组织、国际民航组织、国际工业发展组织、世界旅游组织、万国邮政联盟、联合国教科文组织、联合国粮农组织、世界卫生组织、国际劳工组织、国际农业发展基金、国际海事组织、世界知识产权组织、世界银行、国际货币基金组织；相关组织：国际原子能机构、世界贸易组织、国际移民组织。参考：www. unsceb. org/content/ceb-members，登录时间：2017年9月17日。

② 更多有关联合国文件知识，可参考：https：//library. un. org/content/un-resources-documents，登录时间：2017年9月9日。

场大大小小的会议。[1] 开会一般还会达成一些文件，这“文山会海”如何理出个头绪呢？我简单介绍一下联合国文件和会议的管理与搜索知识。

联合国规定：“联合国文件”是呈交联合国主要机构和附属机构进行考量的文本。联合国文件常看到的有：联合国主要机构通过的决议和决定（Resolutions and Decisions），安理会轮值主席和人权委员会主席发布的主席声明（Presidential Statements），会议记录（Meeting Records），各国代表（或秘书长）写给联合国机构首长、秘书长的信件（Letters），由联合国主要机构和附属机构、秘书长等撰写的报告（Reports）。

每个文件都有一个文件编号，通过文号也能获取不少信息。文号由英语字母和数字组成，中间用左斜线隔开。比如A/RES/65/2，表示：“联合国大会”呈交/文件特殊性质是“决议”/特别说明是第“65”届联大通过的/“2”号文件，所以顺序一般是：呈交文件的机构/呈交文件机构的次级单位（如果有）/文件特殊性质（如果有）/特别说明（如果有）/…

以决议为例，不同的决议机构，其文号不同。

| 决议机构 | 文号规则 |
| --- | --- |
| 联合国大会 | A/RES/第×届联大/… |
| 安理会 | S/RES/… |

① 金永健：“联合国大会司务有1200多人”，http：//www.china.com.cn/international/txt/2008—05/27/content_ 15492054.htm，登录时间：2017年9月9日。

| 决议机构 | 文号规则 |
| --- | --- |
| 经社会 | E/RES/年份 |
| 人权理事会 | A/HRC/RES/第×届人权大会/… |

此外，具有特殊性的文件还有：主席声明(…/PRES/…)，会议记录（分为逐字记录/PV/，会议总结/CR/）。决定、信件、报告一般都没有特殊性质符号一栏。

搜索联合国文件一般使用两个数据库：

| 搜索系统 | 特点 |
| --- | --- |
| 联合国正式文件系统（Official Document System） | 包括1946年以来主要机构呈交的文件，支持全文搜索功能 |
| 联合国数字图书馆（United Nations Digital Library） | 包括联合国文件、表决信息、会议发言、地图和公共领域联合国出版物。该平台提供数字格式的联合国资料和1979年后的联合国文件书目记录 |

除了“绵延的文山”，还要学习应对“浩瀚的会海”。“联合国日刊”（UN Daily Journal）会显示当天和未来几周在联合国总部的会议安排情况，包括会议时间、地点、是否对公众开放等信息。联合国很多会议都是公开的，通过联合国电视（webtv. un. org）实时直播。比如2016年底遴选联合国秘书长时，在网上观看“秘书长候选人面试”直播掀起了热潮。

# 我为联合国招聘

你也想来联合国工作吗？这篇文章能对你有所帮助和启发。我在外联处实习期间，工作的主要任务是：收集、汇总并向全世界发布联合国招聘的最新政策和信息，这些信息有的来自联合国的招聘主页（careers. un. org），还有的来自联合国在全球各地的办事处发来的邮件信息。所以说，我们部门掌握了全球最新最全的联合国招聘信息，对于想要来工作的人至关重要。

## 联合国职员也有级别高低吗

我们先来看一看联合国的人事结构。根据 2016 年最新发布的《秘书长报告——秘书处的组成》,① 联合国系统相关实体正式工作人员 75934 人，其中联合国秘书处有 40131 人。所

---

① 《2016 年秘书长报告——秘书处的组成：工作人员统计数据》，A/71/360，2016 年 8 月 31 日。

有这些工作人员在职类上分为两种：专业及以上职类（P+）和一般事务职类（G）。P类人员从事和平、发展、人权等专业领域的工作，G类包括打字员、办公室秘书、警卫等行政人员，职级从高到低分别是：秘书长（Secretary-General，SG），副秘书长（Under-Secretary-General，USG），助理秘书长（Assistant Secretary-General，ASG），主管人员（Director，D），专业人员（Professional，P）和在维和任务区工作的外勤人员（Field Service，FS），[①] 一般事务人员（General Service，G）。其中，D类有两级，P类有1、2、3、4、5五个级别，FS有4、5、6、7四个级别，G类有1、2、3、4、5、6、7七个级别。各级官员征聘形式也大有不同。

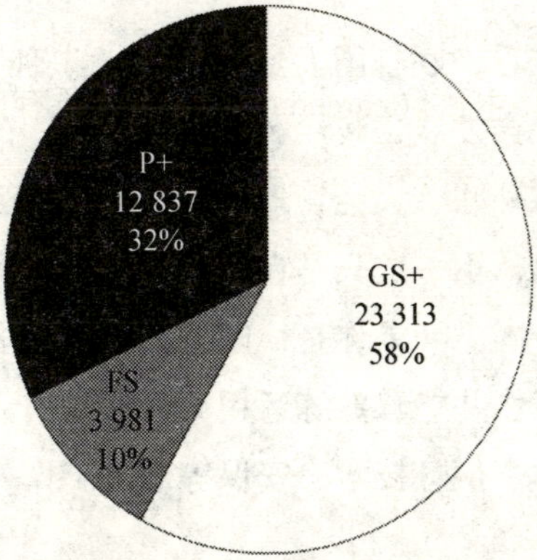


**图20　截至2016年6月30日按职类分列的秘书处所有工作人员百分比**

① 在联合国维和任务区，不仅有各国军队组成的维和部队，还有联合国征聘的民事工作者，他们为联合国任务区提供行政、技术、后勤等服务，这些人就是外勤人员。

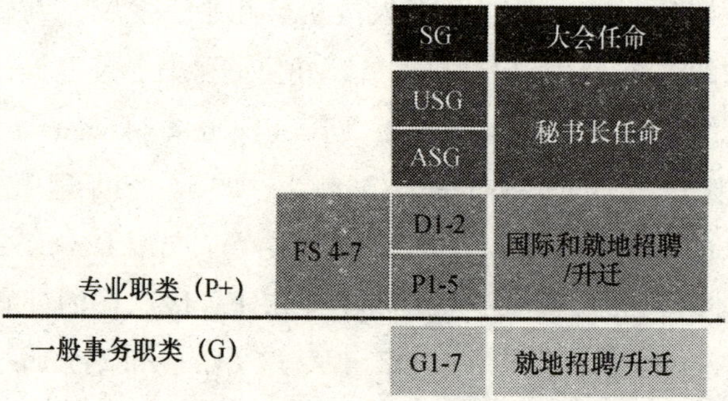


**图 21　联合国的职级与征聘制度一览图**

## 来联合国干什么活儿呢

从工作领域看，联合国大致有八大“工种”：管理和运营支持，经济与社会发展，政治、和平与安全，信息与技术，法律，公共信息与外联，大会管理，安保。可以说，联合国的工作岗位包罗万象，不一定只是在国际关系、经济、英语等方面的人才能来联合国。如果你是律师，如果你是电脑工程师，如果你曾在部队工作并能够熟练运用英语或法语，都可以来联合国上班，在法律、信息技术、安保等部门工作。

## 进入联合国，你准备好了吗

从硬件上说，联合国一般要求具备本科及以上学历，熟练掌握英语或法语，在政治、经济、人权等领域专业业务能力强。从软件上看，你需要成为一个正直廉洁的公务员，尊重多样文化，适应国际化工作环境，擅长沟通、协调、团队合作。

## 如何进入联合国“做大官”呢

级别不同，上岗方式相异。首先，秘书长的遴选是由安理会提名，大会投票通过就可任命了。其次，副秘书长（USG）、助理秘书长（ASG）都是秘书长直接任命，一般是各国政府推荐并得到秘书长同意后任命的。也就是说，如果你能有机会得到秘书长的认可，就可以上任了。比如说中国派到联合国秘书处经济与社会事务部部长、副秘书长先生都是这种情况。

再者，如果竞聘主任（D）、专业（P）和外勤（FS）的专业高级别岗位，要通过联合国网上申请和面试双重考核。这类竞聘的基本要求是，拥有本科以上学历，在相关领域有7—10年的工作经验，熟练掌握英语或法语。无论是联合国系统外的人，还是已经在联合国工作的职员，都可以申请。有时候，联合国在职人员由于信息更灵通、国际组织工作经验更丰富，赢取的机会会更大一些。

**表1　联合国系统征聘形式一览表**

| 职级 | 征聘形式 | 征聘范围 |
|---|---|---|
| SG | 安理会提名，大会任命 | 国际征聘 |
| USG，ASG | 秘书长任命 | 国际征聘 |
| D/P3－5/FS 4－7 | Inspira① 网上申请＋面试 | 本国专业官员（NO）就地征聘，其他国际征聘 |

① Inspira是联合国招聘网站（careers. un. org）上的一个工作申请平台。

续表

| 职级 | 征聘形式 | 征聘范围 |
|---|---|---|
| P1－3 | －Inspira 网上申请＋面试<br>－考试＋面试：YPP、LCE<br>－其他：JPO | 本国专业官员（NO）就地征聘，其他国际征聘 |
| G | 考试＋面试：GGST | 就地征聘 |

在P类中，有一项是本国专业官员（National Professional Officer，NO），这是专门为联合国驻成员国机构的办事处设立的，属于就地征聘。比如联合国开发计划署在北京有驻华办公室，他们招募P类官员，既可以采取国际征募，也可以专门招中国人做NO。提出这一条，是为了跟G类职员的征聘方式相对比，因为后者只在当地征聘。

重点强调一下FS类，也是高级别岗位，但有一定危险性，中国人关注和参与的较少。联合国在全球30多个国家有37个维和任务区和办公室，这些办公地点都在冲突最激烈的地方，比如“联合国马里多层面综合稳定特派团”，就是2016年6月中国籍维和士兵遇难的地方。任务区有文官也有武官，如果说各国军警人员组成的维和部队是武官，那FS类的民事人员就是文官。他们可能是人力资源官员、工程师、法律专家、经济学家、选举监督官、性别或社会事务专员等。这类岗位一般要求大学本科学历，具备超过5年且工作地点经常流动的工作经验，还要精通英语或法语。申请者需要在Inspira网站上填写自己的教育、工作背景，等待审核进入备选库（roster）。联合国每两年从备选库中遴选与最新岗位匹配的人员，再进行笔试和面试，最终确定人选。

20 世纪 90 年代，我的领导埃里克森先生在联合国柬埔寨过渡时期权力机构（UNTAC）工作，协助任务区的选举工作，那是联合国第一次不仅仅是监督而且是亲自组织当地选举。在计票的第二天，有反对派分子轰炸了他们的办公室，情急之下，他们申请进驻了当地联合国维和部队的营地并继续工作，最终完成了选举工作。他感慨道："当爆炸发生在你的周围，是很恐惧的。但我们还是顺利完成了任务，我也被写入了柬埔寨的历史，这也是作为联合国国际职员的荣耀。"他说，在柬埔寨工作的经历也是后来在联合国工作升迁的资本。

**图 22　1993 年 5 月 30 日，埃里克森先生作为联合国柬埔寨过渡时期权力机构（UNTAC）工作人员，正在与同事一起整理选票**

## 作为大学毕业没几年、资历尚浅的年轻人，如何才能去联合国“当小兵”呢

考试是程序正义的最好体现，联合国也在践行这种正义。联合国针对青年人主要有三大考试：青年专业官员考试（Young Professional Programme，YPP）、语言竞争考试（Language Competitive Examinations，LCE）、全球一般事务测试（Global General Service Test，GGST）。

图 23　《联合国概况》一书

YPP 考试是专门针对在联合国任职人员比例低的成员国，主要面向学历高、工作经历短的青年人。YPP 考试每年一次，2016 年中国也参加了 YPP 考试，在 12 月 14 日由中国人力资源与社会保障部组织笔试考试。YPP 笔试部分有一般性问题和专业问题两个方面，前者是将一篇 900 词左右的英语文章缩写到 300 词内，后者是在专业领域做选择题和问答题。我有一个朋友在经济与社会事务部工作，她曾多次参与 YPP 考试阅卷工作，据她称，回答问题时有条理、有逻辑很重要。考试的参考书就是那本《联合国概况》，2015 年 9 月联合国发布了该书的中文版。这是发布手册 29 年来，联合国第一次发布中文版。

YPP 考试一般年初发出报考须知，申请者在年中时方可到

Inspira 网上填报某个岗位，年末考试，次年公布结果。考上的人可在备选库（roster）中等待，如果联合国两年内可以安排岗位，即可就任；如果两年内没有合适岗位，那就会被踢出备选库。这个政策听起来有些不合理，常驻团联工部的官员跟我讲，联合国的考试都是免费的，每年花费大量人力、物力组织考试和批改考卷，可是有时候遴选出的人员没有合适岗位安排，两年之后就失去就职资格了，对此大家有点不满。看来，联合国在很多方面都需要做出改革和调整。

LCE 考试针对联合国的语言工作者，包括同声传译、翻译、编辑、校对员、逐字记录员等。联合国有英语、法语、中文、俄语、西班牙语、阿拉伯语六种工作语言，也就是说，联合国在开会、会议记录、会议文件等工作中都需要 6 种语言同时进行。LCE 考试同样是要求在 Inspira 网上申请，通过材料审核后可进行语言考试，通过考试后进入备选库，如果有合适岗位开放，会联络备选人。

**表 2　联合国征聘三大考试**

| 考试 | 报考资格 | 竞聘岗位 |
|---|---|---|
| YPP | 32 岁以下，本科及以上学历，来自参加 YPP 项目的成员国，熟练掌握英语或法语，无需工作经验 | P2/P3 |
| LCE | 56 岁以下，至少熟练掌握 2 门联合国工作语言 | P2/P3 |
| GGST | 2 年以上行政工作经验 | G 类 |

GGST 考试是针对联合国的行政工作人员，这些岗位一般是办公室的助理或秘书，采取就地征聘方式。有很多中国的年轻人用这种方式参与到联合国工作中，我在实习期间认识了一

些朋友，他们大部分是在纽约总部实习过，实习期间就开始关注 G 类岗位招聘信息，在 Inspira 提交了网上申请，如果进入候选名单，就有机会参加 GGST 考试和面试，如果都通过了就可以来就职。GGST 考试是笔试考试，有选择题和问答题，主要是针对商务英语、联合国工作理念的考察。很多中国朋友本身专业能力也很强，虽然屈居 G 类，但是日后也可以通过 G 升 P 考试，真正成为专业类别的工作人员。

除了考试，年轻人还可以依靠祖国的力量，被送入联合国工作。联合国系统大部分机构都开设初级专业官员项目（Junior Professional Officer，JPO），以培养年轻的初级专业人员。这些项目由成员国资助和遴选，支持本国年轻人在联合国工作 1—2 年，之后被资助者可选择继续在联合国还是回国工作。日本、德国的 JPO 项目一直很成功，输送了大量青年人进入联合国工作。发展中国家里，尼日利亚也看到了 JPO 的价值，积极资助本国的 JPO 项目。中国在 2015 年秋季向秘书处派出了第一批 JPO，现在国内有越来越多的 JPO 项目依托留学基金委来落实。

以上讲了在联合国“做高官”“当小兵”，这些都是正式职员，如果条件不够，还能先到联合国做实习生、志愿者，成为编外人员。联合国实习生项目（UN Internship Programme）可以在 Inspira 上申请，或者在联合国实体机构的网站上单独申请。申请者需要是硕士或本科高年级在读生，语言能力过关，认可联合国的理念和价值，接受无薪实习。联合国志愿者（UN Volunteers）是联合国开发计划署下面的项目，这些志愿者一般在联合国系统内从事初级专业职类的工作，志愿者项目一般 1—2 年，志愿者每月可以得到一部分津贴。在此期间，储备知识，提高技能，有利于未来竞聘上岗，实现进入联合国的理想。

总的来说，进入联合国工作并非遥不可及的事情，要在战略上藐视它；同时，战术上要重视它，必须认真积极地准备，多关注联合国招聘信息。在此，我给大家透露一个小秘密：了解最新的联合国招聘政策和讯息，敬请关注联合国人力资源厅的官方社交媒体。

**图 24　联合国人力资源厅的官方社交媒体**

# 应对“联合国特色”面试

上一篇讲到如何申请联合国的岗位，如果你幸运地通过了第一关网上申请，那么恭喜你，万里长征走完了一半，你顺利进入了面试环节。联合国设置能力面试（competency based interview），就是为了更加深入地了解应聘者的求职动机、工作预期、专业能力和素养等信息，这也是一个应聘和招聘方双向交流的平台。

一般来说，联合国的能力面试进行 15—30 分钟。首先是应聘者进行 3—5 分钟的自我介绍，讲讲个人教育和工作经历、求职动因等。然后，面试官开始提问，可能是针对面试者个人经历的问题，比如让你介绍一次成功的团队项目、你如何组织某次活动；问题还可能是专业和技术层面的，比如让你谈谈减贫的几种方案。那么，如何在联合国的面试中脱颖而出呢？如何适应“联合国特色”的面试呢？我基于在联合国工作的观察和采访，尤其是向人力资源办公室的大咖求取了“真经”，最终形成了下面三条面试攻略。

**图 25　作者与玉内美智留女士，她在联合国儿童基金会人力资源厅工作近 30 年，具有极其丰富的联合国系统人事管理经验**

## 攻略一：学会讲“联合国语言”

我们都知道联合国的工作语言有六种，惯常使用英语。想要进入联合国，英语讲得好只是皮毛，因为语言是思想的媒介，真正的“联合国语言”是旨在传递联合国核心价值的用语。学会讲“联合国语言”，就是要表现自己很契合联合国的工作文化。联合国对职员提出了三大核心价值和五种主要素养：

核心价值：
- 正直（Integrity）
- 尊重多样性（Respect for Diversity）
- 专业（Professionalism）

主要素养
- 领导力（Leadership）
- 团队合作（Teamwork）
- 沟通能力（Communication）
- 策划与组织力（Planning & Organizing）
- 终身学习（Commitment to Continuous Learning）

三个核心价值很重要，“正直”体现在你的文书和面试过程一定要实事求是，不能夸大其词、弄虚作假。最典型的例子就是应聘者对自己外语能力的评估上，除了英语，有些人还会讲法语，语言优势让应聘者更有竞争力。不过到底是什么水平，需要如实上报。如果夸大语言能力，在面试环节露馅，就会大大影响应聘者“正直”的品质。“尊重多样性”其实就是展现应聘者的国际化背景，曾有国际化的工作环境、社会活动、教育经历等等，这些都是展现的具体路径。

你会怎么表现自己的“专业性”呢？一般人会说：“我的本科和研究生是国际关系专业，还曾经在联合国总部实习，我的教育和工作的专业背景让我能胜任这个岗位。”不过，“联合国语言”中的专业性不仅限于介绍专业背景，而是在面试过程中的讲话要“明确而具体”。还是上面一段话，“联合国语言”会这样表达：“我本科在北京大学、硕士在哥伦比亚大学都是学习国际关系专业，我曾在联合国纽约秘书处人力资源厅实习 5 个月，理论学习让我具备很强的分析能力和国际关系专业知识，实习工作使我了解联合国工作模式和文化，这些都让我能够胜任这份新工作。”这里面“北京大学、哥伦比亚大学”是具体的地点，“人力资源厅”是具体的职务，“5 个月”是具体的时段，“分析能力和专业知识”是具体的能力，这些具体的表达就是最专业的表现，可以让面试官看到一个非常清晰、立体的你。

五个主要素养比较容易理解，就是把个人经历跟这几个能力联系起来。比如，想表现领导力，一般求职者都会准备几个故事，讲述自己领导一个团队完成项目的事，这个想法不错。不过，用“联合国语言”表达领导力很简单，就是在面试过程中少用“我们”，多用“我”。亚洲人一般天生都比较谦虚，做什么事，无论好事坏事都喜欢说是“我们做的”，联合国的面试中要尽量避免这种情况。所以，要有意识地锻炼自己，在面试表达过程中多用“我”为主语。

总之，联合国职员的三大价值和五大素养是要渗透到面试的每一句话中的，因此学会了讲“联合国语言”，就会大大增加入围的概率。

## 攻略二：知己知彼，百战不殆

面试的过程，就是你通过过去的表现来展示你未来可以做什么。这涉及到两方面：知己，熟悉个人简历上列出的工作经历及相关能力；知彼，了解招聘启事（Term of Reference，ToR）上的岗位要求，知道你将要工作的组织或办公室的愿景、动态、战略优先项等信息。如果你竞选经济与社会事务部（DESA）的岗位，却不知道可持续发展目标，那就太说不过去了。假使你还读过 DESA 出品的文

**图 26 《2016 年全球社会状况报告》**

件，比如图26上这本《2016年全球社会状况报告》，那么面试官一定会对你印象深刻。

知己又知彼，目的是把“己”和“彼”两者匹配起来。一位联合国资深的人事官员给我推荐了一个“黄金表格”（见表3），第一栏是招聘启事中的核心素养，为了“知彼”；第二、三栏是个人信息和经历，用来“知己”。填好这个表格，你就能做到知己知彼，百战不殆。

**表3 “黄金表格”**

| Key Competencies | Please provide relevant examples of where you have demonstrated your capabilities in the key competencies outlined | Years of experience |
|---|---|---|
| Outline your experience/background and suitablity to the post you are applying (Match against the vacancy announcement or ToR) | Academic qualificaitons:<br>Relevant Work Experience:<br>Relevant Technical Expertise:<br>Knowledge of UNOPs & Duty Station:<br>Motivation: | |
| Briefly describe your experience in : Insert 2－3 major tasks from the ToR | . | |
| Outline your experience in the following subtasks:<br>(i) . | | |

续表

| Key Competencies | Please provide relevant examples of where you have demonstrated your capabilities in the key competencies outlined | Years of experience |
|---|---|---|
| Competency Requirements: Insert the competency requirements based on your ToR. Below are examples<br>(i)Working with People/Teamwork<br>(ii)Planning & Organizing<br>(iii)Accountability<br>(iv)Drive for Results<br>(V)Commitment to continuous learning<br>(vi)Formulating concepts and strategies<br>(vii)Relating & Networking | | |
| Describe a situation where youguides, mentored/coached, supervises professional and support staff.<br>(Capacity Building/Training) | | |
| ________ is an international organisation which operates a multicultural work environment across many regions globally. Please describe your experience working in such an diverse environment | | |
| Why are you interested in the role in ________? | | |

续表

<table>
<tr><td colspan="3">Key Competencies</td><td>Please provide relevant examples of where you have demonstrated your capabilities in the key competencies outlined</td><td>Years of experience</td></tr>
<tr><td rowspan="2">Language fluency</td><td rowspan="2">English</td><td>Spoken</td><td></td><td></td></tr>
<tr><td>Written</td><td></td><td></td></tr>
<tr><td rowspan="2"></td><td rowspan="2">Other</td><td>Spoken</td><td></td><td></td></tr>
<tr><td>Written</td><td></td><td></td></tr>
<tr><td colspan="3" rowspan="5">COUNTRIES OF EXPERIENCE (please state and differentiate countries which you have lived and worked in and also those countries' which you have experience working with)</td><td></td><td></td></tr>
<tr><td></td><td></td></tr>
<tr><td></td><td></td></tr>
<tr><td></td><td></td></tr>
<tr><td></td><td></td></tr>
<tr><td colspan="2">Total team size</td><td></td><td colspan="2" rowspan="2">Current</td></tr>
<tr><td colspan="2">Number of specialists</td><td></td></tr>
<tr><td colspan="2">Total team size</td><td></td><td colspan="2" rowspan="2">Past</td></tr>
<tr><td colspan="2">Number of specialists</td><td></td></tr>
<tr><td colspan="3">This role is located In ________. Are you willing to relocate if currently living elsewhere?</td><td colspan="2"></td></tr>
<tr><td colspan="3">What is your notice period? If successful, how soon can you join?</td><td colspan="2"></td></tr>
</table>

续表

<table>
<tr><th colspan="2">Key Competencies</th><th>Please provide relevant examples of where you have demonstrated your capabilities in the key competencies outlined</th><th>Years of experience</th></tr>
<tr><td rowspan="2">Please indicate your current compensation along with your expected package (specifying whether the package indicated is gross or net in USD)</td><td>Current package</td><td colspan="2"></td></tr>
<tr><td>Expected package</td><td colspan="2"></td></tr>
<tr><td colspan="2" rowspan="3">Other possible questions</td><td colspan="2"></td></tr>
<tr><td colspan="2"></td></tr>
<tr><td colspan="2"></td></tr>
</table>

表格写好了，还要用联合国的语言讲述出来，有一种卡尔（CARL）模式很有用。比如，面试官要考察你的团队素养，会问：请讲讲最近一次团队合作的经历。卡尔模式就是 CARL = Context（背景）+ Actions（行动）+ Results（结果）+ Learning（教训），讲述经历的时候按照这个逻辑：简单介绍团队合作要完成什么工作、交代背景，重点讲述你在团队中发挥的作用、如何应对团队中的分歧等，分析一下团队工作的成功原因或失败教训。团队合作的经历成功或失败都没关系，成功可以展现你的能力，失败同样可展现你的自我认知能力和反思纠错的认识。

## 攻略三：面试无小事

国家之间交往中有一句俗语，“外交无小事”，外事中的细节往往起到关键的作用。同样，联合国的面试中也无小事，这些小事反映了联合国的习惯，在此，我讲几件容易为人忽视的“小事”。

面试是应聘者与招聘方第一次直面接触，双方都会有些紧张和局促。联合国在面试上形式比较灵活，可以是面对面现场的，也可以通过电话或 Skype 等媒介。这两种面试的方式各有优劣势。如果你是一个擅长人际交际、善用肢体语言的人，那么现场面试可以帮助你拉近与面试官的距离，更好地展现自己的能力和实力；如果你不太擅长社会交际，但是拥有很强的写作、数据处理等专业技能，不妨尝试选择电话面试的方式，给自己一个舒适的面试环境。针对竞聘岗位的要求，以及自身的能力特点，尽量选择适合自己的面试方式，这是很多人易于忽略的“小事”。

**表 4　两种面试形式的优势**

| | 电话/视频面试 | 现场面试 |
|---|---|---|
| 优势 | –可以参看便条<br>–可以选择面试环境<br>–避免不良身体语言曝光 | –观察到面试官的肢体语言<br>–善用自己的肢体语言加强沟通 |
| 劣势 | –看不到好的身体语言<br>–难以展现良好的人际交往能力 | –不能选择面试环境<br>–肢体语言会暴露不安和紧张 |

个人简历上也有不应忽视的“小事”。简历上写着应聘者的教育背景、工作经历、重要能力等等，在网上能看到不同的版式和结构，联合国也有其偏爱的样式。见到玉内老师之前，我的简历节选是图 27 的样子，后来她帮我改成联合国偏爱款（如图 28）。没有对比就没有伤害，改后的样子看起来真的“很联合国”。整体布色是“联合国蓝”，篇幅控制在两页纸之内。最开头明确列出联络方式，还有一张精心 P 过的夺目照，给人直观的冲击感。简历的第一段概述了我的核心竞争力，方便面试者第一时间了解我是否合适这个岗位，也说明我有一定的自我认知能力。之后的部分依次列出了教育经历、工作经历、其他活动、语言能力、IT 技能、发表作品等部分，这些内容与联合国招聘启事上列出的征聘要求一一对应，基本涵盖了面试官想知道的关于你的一切，完美！

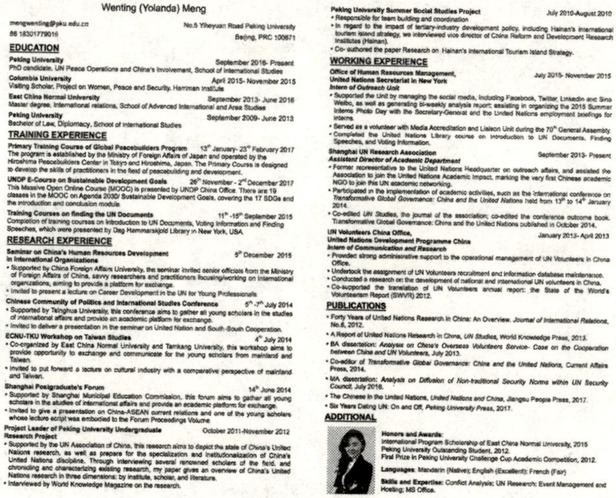

Wenting (Yolanda) Meng

mengwenting@pku.edu.cn
86 18301779016

No.5 Yiheyuan Road Peking University
Beijing, PRC 100871

**EDUCATION**

**Peking University** September 2016- Present
PhD candidate, UN Peace Operations and China's Involvement, School of International Studies

**Columbia University** April 2015- November 2015
Visiting Scholar, Project on Women, Peace and Security, Harriman Institute

**East China Normal University** September 2013- June 2016
Master degree, International relations, School of Advanced International and Area Studies

**Peking University** September 2009- June 2013
Bachelor of Law, Diplomacy, School of International Studies

**TRAINING EXPERIENCE**

**Primary Training Course of Global Peacebuilders Program** 13th January- 23rd February 2017
The program is established by the Ministry of Foreign Affairs of Japan and operated by the Hiroshima Peacebuilders Center in Tokyo and Hiroshima, Japan. The Primary Course is designed to develop the skills of practitioners in the field of peacebuilding and development.

**UNDP E-Course on Sustainable Development Goals** 26th November - 2nd December 2017
This Massive Open Online Course (MOOC) is presented by UNDP China Office. There are 19 classes in the MOOC on Agenda 2030/ Sustainable Development Goals, covering the 17 SDGs and the introduction and conclusion module.

**Training Courses on finding the UN Documents** 11th -15th September 2015
Completion of training courses on Introduction to UN Documents, Voting Information and Finding Speeches, which were presented by Dag Hammarskjold Library in New York, USA.

**RESEARCH EXPERIENCE**

**Seminar on China's Human Resources Development in International Organizations** 5th December 2015
- Supported by China Foreign Affairs University, the seminar invited senior officials from the Ministry of Foreign Affairs of China, savvy researchers and practitioners focusing/working on international organizations, aiming to provide a platform for exchange.
- Invited to present a lecture on Career Development in the UN for Young Professionals.

**Chinese Community of Politics and International Studies Conference** 5th -7th July 2014
- Supported by Tsinghua University, this conference aims to gather all young scholars in the studies of international affairs and provide an academic platform for exchange.
- Invited to deliver a presentation in the seminar on United Nation and South-South Cooperation.

**ECNU-TKU Workshop on Taiwan Studies** 4th July 2014
- Co-organized by East China Normal University and Tamkang University, this workshop aims to provide opportunity to exchange and communicate for the young scholars from mainland and Taiwan.
- Invited to put forward a lecture on cultural industry with a comparative perspective of mainland and Taiwan.

**Shanghai Postgraduate's Forum** 14th June 2014
- Supported by Shanghai Municipal Education Commission, this forum aims to gather all young scholars in the studies of international affairs and provide an academic platform for exchange.
- Invited to give a presentation on China-ASEAN current relations and one of the young scholars whose lecture script was embodied to the Forum Proceedings Volume.

**Project Leader of Peking University Undergraduate Research Project** October 2011-November 2012
- Supported by the UN Association of China, this research aims to depict the state of China's United Nations research, as well as prepare for the specialization and institutionalization of China's United Nations discipline. Through interviewing several renowned scholars of the field, and chronicling and characterizing existing research, my paper gives an overview of China's United Nations research in three dimensions: by institute, scholar, and literature.
- Interviewed by World Knowledge Magazine on the research.

**Peking University Summer Social Studies Project** July 2010-August 2010
- Responsible for team building and coordination.
- In regard to the impact of tertiary-industry development policy, including Hainan's international tourism island strategy, we interviewed vice director of China Reform and Development Research Institutes (Hainan).
- Co- authored the paper Research on Hainan's International Tourism Island Strategy.

**WORKING EXPERIENCE**

**Office of Human Resources Management,**
**United Nations Secretariat in New York** July 2015- November 2015
***Intern of Outreach Unit***
- Supported the Unit by managing the social media, including Facebook, Twitter, Linkedin and Sina Weibo, as well as generating bi-weekly analysis report; assisting in organizing the 2015 Summer Interns Photo Day with the Secretary-General and the United Nations employment briefings for interns.
- Served as a volunteer with Media Accreditation and Liaison Unit during the 70th General Assembly.
- Completed the United Nations Library course on Introduction to UN Documents, Finding Speeches, and Voting Information.

**Shanghai UN Research Association** September 2013- Present
***Assistant Director of Academic Department***
- Former representative to the United Nations Headquarter on outreach affairs, and assisted the Association to join the United Nations Academic Impact, marking the very first Chinese academic NGO to join this UN academic networking.
- Participated in the implementation of academic activities, such as the international conference on *Transformative Global Governance: China and the United Nations* held from 13th to 14th January 2014.
- Co-edited *UN Studies*, the journal of the association; co-edited the conference outcome book, Transformative Global Governance: China and the United Nations published in October 2014.

**UN Volunteers China Office,**
**United Nations Development Programme China** January 2013- April 2013
***Intern of Communication and Research***
- Provided strong administrative support to the operational management of UN Volunteers in China Office.
- Undertook the assignment of UN Volunteers recruitment and information database maintenance.
- Conducted a research on the development of national and international UN volunteers in China.
- Co-supported the translation of UN Volunteers annual report: the State of the World's Volunteerism Report (SWVR) 2012.

**PUBLICATIONS**
- Forty Years of United Nations Research in China: An Overview. *Journal of International Relations*, No.6, 2012.
- A Report of United Nations Research in China, *UN Studies*, World Knowledge Press, 2013.
- BA dissertation: *Analysis on China's Overseas Volunteers Service- Case on the Cooperation between China and UN Volunteers*, July 2013.
- Co-editor of *Transformative Global Governance: China and the United Nations*, Current Affairs Press, 2014.
- MA dissertation: *Analysis on Diffusion of Non-traditional Security Norms within UN Security Council*, July 2016.
- The Chinese in the United Nations, *United Nations and China*, Jiangsu People Press, 2017.
- Six Years Dating UN: On and Off, *Peking University Press*, 2017.

**ADDITIONAL**

**Honors and Awards:**
International Program Scholarship of East China Normal University, 2015
Peking University Outstanding Student, 2012.
Final Prize in Peking University Challenge Cup Academic Competition, 2012.

**Languages**: Mandarin (Native); English (Excellent); French (Fair)

**Skills and Expertise:** Conflict Analysis; UN Research; Event Management and Hosting; MS Office.

**图 27　普通简历**

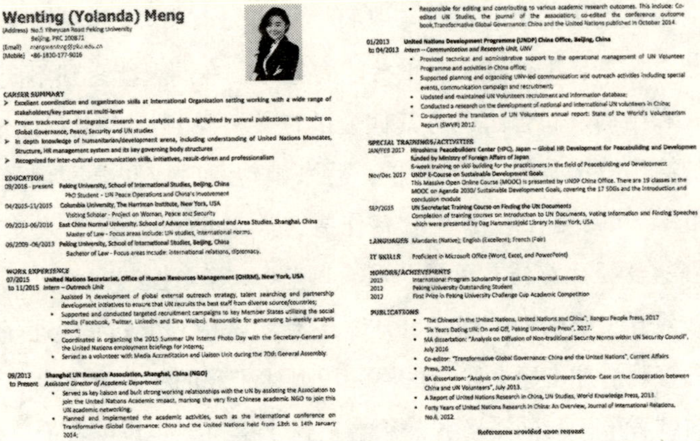

**Wenting (Yolanda) Meng**
(Address) No.5 Yiheyuan Road Peking University
Beijing, PRC 100871
(Email) mengwenting@pku.edu.cn
(Mobile) +86-1830-177-9016

CAREER SUMMARY
- Excellent coordination and organization skills at International Organization setting working with a wide range of stakeholders/key partners at multi-level
- Proven track-record of integrated research and analytical skills highlighted by several publications with topics on Global Governance, Peace, Security and UN studies
- In depth knowledge of humanitarian/development arena, including understanding of United Nations Mandates, Structure, HR management system and its key governing body structures
- Recognized for inter-cultural communication skills, initiatives, result-driven and professionalism

EDUCATION
09/2016 - present Peking University, School of International Studies, Beijing, China
PhD Student - UN Peace Operations and China's Involvement
04/2015-11/2015 Columbia University, The Harriman Institute, New York, USA
Visiting Scholar - Project on Woman, Peace and Security
09/2013-06/2016 East China Normal University, School of Advance International and Area Studies, Shanghai, China
Master of Law - Focus areas include: UN studies, international norms.
09/2009-06/2013 Peking University, School of International Studies, Beijing, China
Bachelor of Law - Focus areas include: international relations, diplomacy.

WORK EXPERIENCE
07/2015 to 11/2015 United Nations Secretariat, Office of Human Resources Management (OHRM), New York, USA
*Intern – Outreach Unit*
- Assisted in development of global external outreach strategy, talent searching and partnership development initiatives to ensure that UN recruits the best staff from diverse source/countries;
- Supported and conducted targeted recruitment campaigns to key Member States utilizing the social media (Facebook, Twitter, LinkedIn and Sina Weibo). Responsible for generating bi-weekly analysis report;
- Coordinated in organizing the 2015 Summer UN Interns Photo Day with the Secretary-General and the United Nations employment briefings for interns;
- Served as a volunteer with Media Accreditation and Liaison Unit during the 70th General Assembly

09/2013 to Present Shanghai UN Research Association, Shanghai, China (NGO)
*Assistant Director of Academic Department*
- Served as key liaison and built strong working relationships with the UN by assisting the Association to join the United Nations Academic Impact, marking the very first Chinese academic NGO to join this UN academic networking.
- Planned and implemented the academic activities, such as the international conference on Transformative Global Governance: China and the United Nations held from 13th to 14th January 2014;
- Responsible for editing and contributing to various academic research outcomes. This include: Co-edited UN Studies, the journal of the association; co-edited the conference outcome book,Transformative Global Governance: China and the United Nations published in October 2014.

01/2013 to 04/2013 United Nations Development Programme (UNDP) China Office, Beijing, China
*Intern -- Communication and Research Unit, UNV*
- Provided technical and administrative support to the operational management of UN Volunteer Programme and activities in China office;
- Supported planning and organizing UNV-led communication and outreach activities including special events, communication campaign and recruitment;
- Updated and maintained UN Volunteers recruitment and information database;
- Conducted a research on the development of national and international UN volunteers in China;
- Co-supported the translation of UN Volunteers annual report: State of the World's Volunteerism Report (SWVR) 2012.

SPECIAL TRAININGS/ACTIVITIES
JAN/FEB 2017 Hiroshima Peacebuilders Center (HPC), Japan – Global HR Development for Peacebuilding and Development funded by Ministry of Foreign Affairs of Japan
6-week training on skill building for the practitioners in the field of Peacebuilding and Development
Nov/Dec 2017 UNDP E-Course on Sustainable Development Goals
This Massive Open Online Course (MOOC) is presented by UNDP China Office. There are 19 classes in the MOOC on Agenda 2030/ Sustainable Development Goals, covering the 17 SDGs and the introduction and conclusion module
SEP/2015 UN Secretariat Training Course on Finding the UN Documents
Completion of training courses on Introduction to UN Documents, Voting Information and Finding Speeches which were presented by Dag Hammarskjold Library in New York, USA

LANGUAGES Mandarin (Native); English (Excellent); French (Fair)

IT SKILLS Proficient in Microsoft Office (Word, Excel, and PowerPoint)

HONORS/ACHIEVEMENTS
2015 International Program Scholarship of East China Normal University
2012 Peking University Outstanding Student
2012 First Prize in Peking University Challenge Cup Academic Competition

PUBLICATIONS
- "The Chinese in the United Nations, United Nations and China", Jiangsu People Press, 2017
- "Six Years Dating UN: On and Off, Peking University Press", 2017.
- MA dissertation: "Analysis on Diffusion of Non-traditional Security Norms within UN Security Council", July 2016
- Co-editor: "Transformative Global Governance: China and the United Nations", Current Affairs
- Press, 2014.
- BA dissertation: "Analysis on China's Overseas Volunteers Service- Case on the Cooperation between China and UN Volunteers", July 2013.
- A Report of United Nations Research in China, UN Studies, World Knowledge Press, 2013.
- Forty Years of United Nations Research in China: An Overview, Journal of International Relations, No.8, 2012.

References provided upon request

**图 28　联合国偏爱的简历版式**

还有，面试中的英语表达也是重要的“小事”。应使用恰当的用词来表述你过去的工作和成就，体现出面试者的专业性，而且联合国作为一个“把语言当做行动武器”的国际组织，很重视语言表达的准确性和巧妙性。下面列出一些联合国面试高频动词表，用来帮助讲好你的个人故事。

**表 5　联合国面试高频动词表**

| | | |
|---|---|---|
| · Achieved | · Drafted | · Originated |
| · Acquired | · Edited | · Oversaw |
| · Adapted | · Eliminated | · Performed |
| · Addressed | · Enforced | · Planned |
| · Administered | · Established | · Prevented |
| · Analyzed | · Evaluated | · Produced |
| · Anticipated | · Expanded | · Programmed |
| · Assembled | · Explained | · Promoted |

续表

| | | |
|---|---|---|
| · Assisted | · Forecasted | · Provided |
| · Audited | · Formed | · Publicized |
| · Budgeted | · Founded | · Published |
| · Calculated | · Generated | · Recruited |
| · Centralized | · Guided | · Reorganized |
| · Changed | · Hired | · Reported |
| · Collaborated | · Implemented | · Researched |
| · Composed | · Improved | · Resolved |
| · Condensed | · Informed | · Reviewed |
| · Conducted | · Insured | · Selected |
| · Constructed | · Interpreted | · Separated |
| · Contracted | · Interviewed | · Set up |
| · Converted | · Launched | · Simplified |
| · Coordinated | · Maintained | · Solved |
| · Created | · Managed | · Surveyed |
| · Cultivated | · Marketed | · Staffed |
| · Demonstrated | · Minimized | · Supervise |
| · Designed | · Motivated | · Taught |
| · Developed | · Negotiated | · Tested |
| · Devised | · Obtained | · Trained |
| · Discovered | · Operated | · Used |
| · Doubled | · Organized | |





看了这三个面试攻略，你是否更了解联合国的套路了呢？不过这些都是战术层面上的技巧，更重要的是要有一份为人类事业服务的热忱和决心，那是激励我们走向国际组织工作的原动力！

**推介书籍：《高校毕业生到国际组织实习任职入门》，北京大学出版社 2018 年**

随着中国综合国力的不断增长和国际社会对中国期待的不断提升，现在的中国在全球治理和世界事务中具有重要引领作用。与此同时，在全球治理的重要平台——国际组织——工作的中国人严重不足，特别是青年在其中的参与度不高。青年是民族的希望，是人类社会未来的建设者和领导者。近几年，教育部更加重视高校培养学生的国际视野和应对国际事务的能力，北京大学响应号召并率先垂范计划出版这本指导高校学生到国际组织实习或任职的教材。该书的推出将具有很强的现实意义，填补了国内高校国际组织求职教材的空白，以期培养出精通专业技能、通晓制度规则、具有国际视野、胸怀远大理想的国际组织人才。

考虑到青年读者对国际组织的认知程度和多样化需求，全书计划分三个部分对国际组织及国际组织求职进行系统介绍。第一章，从国际组织的发展历史、分类分布、中国与国际组织、在校生准备四个角度，让读者对国际组织和国际组织求职形成初步了解；第二章，聚焦最具影响力的当代国际组织——联合国，帮助未来的“国际公务员”做好初步的求职准备与职业规划；第三章，关注联合国之外的其他重要的政府间国际组织和非政府间国际组织，为国际组织求职者提供多元选择和参考。

推荐亮点：专业性、权威性和实用性。我作为这本书的编委成员，参与了本书从策划到成稿的整个过程，非常赞赏其多元化、跨领域的专业编写团队。本书从筹备阶段起，很多专家就开始关切和指导我们的编写工作，其中包括国内外国际关系领域的教授、就业指导方面的资深老师、国际组织和外交系统在任及退休的官员等。这些学术界和实务领域专家的支持，奠定了本书专业性、权威性和实用性的基础。此外，我们团队还组织了对国际组织职员的深度访谈，将公开的求职知识与人物访谈案例相结合进行写作，既有宏观介绍，又有个性视角，生动地展现了国际组织的职场全景。

## 探秘总部大楼

联合国总部大楼里面经常有展览和活动，非常活跃。我经常利用午休时间，探索总部的各个角落。下面，就来讲讲联合国总部大楼的故事和我的探秘发现。

联合国总部矗立在纽约市曼哈顿岛东岸，位于东河之滨。它一直是和平的象征，是希望的灯塔。联合国总部占地 18 英亩（约 72843 平方米），属于国际领土，归联合国所有。未经联合国秘书长准许，美国联邦、州或地方的政、法、军、警人员一律不得进入。当然，联合国与东道国也有协定，保证总部不能为美国政府通缉或美政府想要引渡至他国的人提供避难。在这国际地界上，联合国有自己的消防和警卫人员，还有自己的邮政系统。而且，总部区域内的任何收支都不需要向美国交税。众所周知，纽约缴税比例之高在美国数一数二，但是作为国际公务员，工资的个人所得无需缴税，在总部吃饭、买纪念品等消费同样免消费税。在美国国土上，大概只有联合国这样的国际组织如此“任性”吧！

**图 29　联合国明信片，从东河远眺联合国总部**

定位一下联合国总部的具体位置：东西方向在第一大道和东河之间，南北方向横跨 42 到 45 街。谈到总部选址，就不得不提到当年在关键时刻慷慨相助的洛克菲勒家族。话说 1945 年 12 月 10 日，美国国会一致决定邀请联合国在美国永久安家。之后，联合国选址委员会视察了费城、波士顿、旧金山和纽约。当时由于纽约市区内没有合适的低价地皮，委员会打算选址到费城。就在最后一刻，小约翰 · 洛克菲勒表示愿意捐赠 850 万美元购买现址。这项提议在 1946 年 12 月 14 日获得联合国大会大多数代表同意。之后纽约市又增拨地皮，才有了现在规模的场地。

场址选定后，下一步就是设计和建造这个世界性组织的总部。联合国决定不搞国际竞赛，而是请成员国推荐本国知名的建筑师合力设计联合国的新居。最终由 11 位来自不同国家的建筑设计师组成了设计顾问委员会，承担总部的设计和规划工作，中国著名建筑家梁思成先生就是其中一位。在建造的过程中，各国发扬慷慨献料的国际主义精神，可谓“一楼在建，八方支援”。大会大楼和会议楼的石灰岩外墙贴面来自英国，大理石来自意大利，办公家具和书架来自法国，座椅和布料来自捷克、斯洛伐克和希腊，地毯来自英国、法国和苏格兰。终于，历经19个月的施工后，1950年8月21日，秘书处工作人员迁入了新的办公室。

**图30　联合国明信片，纽约总部夜景**

讲完了历史故事，再来看看现在总部的样子。此处，我选取了一张总部大楼的明信片夜景图（如图30），从这张图上可以非常清楚地看到总部总体的布局：北部是有穹顶的大会堂和会议楼，南面是图书馆，东边是38层的秘书处大楼，中间是联合国广场和喷泉。其实联合国内部对外开放观摩，最经典的参观地就是安理会、经社会、托管会三大会议室以及联合国大会堂，游客可以在网上预约或当天现场报名。但是，游客只能看到总部的一部分，在这里我就主要讲讲游客看不到、鲜为人知的地方。

## 探秘一：坐在主席台看联合国大会堂

蓝、绿、金三色相间的大会堂长165英尺（约50米），宽115英尺（约35米），天花板高75英尺（约23米）。大会堂为193个代表团提供了座位，每个代表团有6个座位：3名正式代表在桌上就座和3名副代表坐在代表的后一排。一般摄影师都愿意从代表的角度拍大会堂，如图31。在正前方的主席台上从左往右依次坐着：大会主席、联合国秘书长、主管大会事务和会议事务的联合国副秘书长（俗称大会总管）。

图31　联合国大会堂（从观众席视角拍摄）

图 32　联合国大会尝（从主席台视角拍摄）

我别出新裁，从“大会总管”的位置向观众席拍了一张照(见图 32)，有没有一种傲视群雄的豪迈感！联大开会期间，大会主席负责主持会议，秘书长也会发言，大会总管则要保证会议后勤工作。仔细观察图 32，发现桌面上贴着大会堂各国代表座次图，大会总管的左手边是电话，准备随时遥控协调，右手边是现场多媒体控制板，果然是大总管的操作台。沿着主席台中央往后走，上几级阶梯，有一个小平台，是媒体拍照的地方。请记住这个小角落哦，因为后文我要讲到第 70 届联大会议期间，我就是站在这个地方作为会务工作人员，见证了很多国家首脑在主席台上的演讲。

## 探秘二：三大会议厅背后的故事

从大会堂穿过一个走廊，就来到了会议楼，其中安全理事会、托管理事会和经济与社会理事会三大会议室非常有名。每个会议室都占据了第二、第三两层，第二层一般只对各国代表和联合国正式职员开放，因为他们是正式参与会议的人员，而实习生、咨询人等身份的人都无法进入。

安理会会议厅（见图 33）由挪威装修，通过摆放在会议厅中央的马蹄形会议桌很容易辨认它。挪威艺术家佩尔·克罗格的巨幅壁画覆盖了前墙的大部分空间，它象征着未来和平及个人自由之希望。画中央有一只火烈鸟，下面是它的尸体，象征着整个世界如同这只火烈鸟一样刚从战火和死亡中重生过来。

**图 33　安理会会议厅**



隔壁的托管理事会会议厅（见图 34）由丹麦装修，左墙有一位举起双臂的女性雕像，象征对未来的渴望和期盼，是会议厅的标志。由于托管理事会已经不再工作，所以这个会议厅经常用来举办其他联合国的会议或活动。

**图 34　托管理事会会议厅**

再旁边是经社理事会会议厅（见图 35），由瑞典设计和装修，会议厅后排的天棚并没有装修完整，据说这预示着经济与社会的发展事务永远是未竟之事。

**图 35　经社理事会会议厅**

联合国这三个最重要的会议厅都由北欧国家建立，说明这些国家非常积极地参与联合国外交。哈佛大学商学院的沃克（Eric Werker）[①] 也有类似发现。他查阅历年《联合国年鉴》，统计了附录中关于联合国高级职位官员国别方面的数据。结果显示，北欧国家在联合国是“过度代表”（overrepresent）的状态，也就是说，相比这些国家的人口比例、国家实力等各方面，他们有过多比例的人在联合国就任高级官员，其中瑞典、挪威、芬兰排在“过度代表”名单中的前三位。毛主席曾说，人多力量大，这在联合国也同样适用。国际职员在一定程度上会为本国的外交提供一些便利，在国际组织任职的本国人对于维护该国利益有一定的作用。相比之下，中国一直是欠代表性的国家，中国政府和民众也正在积极努力改变这种状态。

## 探秘三：藏着一座和平博物馆

联合国总部陈列着很多展品，可以说和平是联合国不变的永恒主题。在三层连接大会堂和会议楼的地方有一个“裁军与和平走廊”，廊道的陈列记录着人类曾经和正在遭遇着的冲突和灾难，警示人们要珍惜和平。一进走廊，有一个计数器映入眼帘，显示着全球每天的军事开销，每天都有近 20 亿美元的支出用于军事行动。潘基文曾说：“这个过度武装的世界，欠缺对和平的资助。”（The world is over-armed and peace is underfunded.）

① Eric Werker and Paul Novosad, “Who Runs the International System? Power and the Staffing of the United Nations Secretariat,” Center for Global Development, http://www.cgdev.org/publication/who-runs-international-system-power-and-staff-united-nations-secretariat-working，登录时间：2016 年 10 月 5 日。

**图 36　从左到右分别是吉他枪、长崎原子弹爆炸后的物品残骸、爆炸后的地雷**

和平走廊分两部分，前一部分展示了武装冲突给人民带来的苦难。其中有一支改装成吉他的枪（Escopetarra）很惹眼，据说这来自一位哥伦比亚的歌手，他在这个连年战乱的国度里唱歌，多么希望音乐能化解冲突，他和哥伦比亚人民一样渴望着和平的日子。第二部分是关于大规模杀伤性武器。陈列着当年原子弹在日本长崎爆炸后的残骸，瓶子、碗、金属罐等生活用品都丑陋地扭曲和变形了；还有一些化学武器和防毒面具方面的视频介绍，化武给人们带去身体上的伤害、给土地和环境带去长久的破坏，触目惊心，令人心痛不已。

**图 37　打结的手枪**

图38 铸剑为犁

会议楼外的北花园也是和平博物馆的重要部分。那里陈列着两个著名的雕塑：一个是“打结的手枪”，将枪管打结，希望制止战争、停止杀戮，表达了人民对和平的渴望，同时也回应了联合国“以和平方式解决国际争端及维护世界和平”的责任；另一个是“铸剑为犁”，雕塑中的青年人一手拿着锤子，另一只手拿着要改铸为犁的剑，象征着人类要求消灭战争，把毁灭人类的武器变为创造的工具，以造福全人类。





## 探秘四：联合国的“送礼风”

上面谈到联合国里面的和平博物馆，有人不禁想问，如此之多的陈列品来自哪里？原来都是会员国的馈赠，而且各国对于给联合国送礼乐此不疲、络绎不绝。这些礼品绝大多数是绘画、雕塑和挂毯等，有的还是价值连城的文物。安放这些礼物也是一个课题，不过在我看来，虽然室内走廊、室外广场随处可见会员国的礼物，但整体还是比较有序的。

联合国刮起了一阵“送礼风”，中国也是活跃分子。中国一共向联合国赠送过 3 个礼物：长城挂毯、世纪宝鼎、和平尊。

在恢复联合国合法席位后不久的 1974 年，中国将一条长 10 米、宽 5 米的长城挂毯赠送给了联合国。它由天津地毯公司所属各厂的 15 名织毯高手以 248 种色纱织成，表现了北京居庸关长城的雄姿。40 多年来，它一直高挂在联合国代表北大厅里，不少来联合国参观的人在经过时都忍不住驻足观看。

**图 39　长城挂毯**

1995 年 10 月，为纪念联合国成立 50 周年，中国向联合国纽约总部赠送了一座重约 1.5 吨的“世纪宝鼎”。这座鼎目前安放在联合国大楼北花园的草坪上，鼎座高 0.5 米，象征联合国成立 50 周年；鼎身高 2.1 米，象征 21 世纪；底座上饰 56 条夔龙，象征 56 个民族都是龙的传人。

**图 40　世纪宝鼎**



最近一次是 2015 年 9 月 27 日，国家主席习近平在纽约参加联合国大会期间，向联合国赠送景泰蓝制成的“和平尊”。“和平尊”高 165 厘米，最大直径 79 厘米，以中国红为主色调的尊身上绘有景泰蓝纹饰。顶部的龙饰象征守望和平。两侧的象首、凤鸟寓意天下太平，人民安康。尊身展翅高飞的七只和平鸽，代表联合国为世界和平而奋斗的 70 年。

## 探秘五：到联合国喝酒去

经过一段时间的探索，我发现联合国大楼内部的餐厅有时是对外开放的。记得 2015 年秋天有一次办秘鲁美食节，历时近一个月时间，其间会议楼四层的代表餐厅（Delegate Dining Room）接受外面访客订位。

此外，在会议楼二层有一个代表休息室（Delegate Lounge），平时都是供各国代表参会期间休息和会谈的地方，每周五晚上这里一改往常的严肃风格，会有周末酒会。如果有联合国职员陪同并登记，公众都可以来联合国享受放松的周五夜晚，还没准能遇到未来职业领域的贵人呢。我记得在实习期间，我邀请了哥伦比亚大学几位同学一起去联合国酒吧玩，他们回到学校都会很兴奋地说："上周五我去联合国喝酒啦！"其实，轻松、多元、平等，这也是联合国工作文化的一部分。

我在联合国总部仅实习了短短 5 个月时间，观察和发现是有限的，希望未来有机会，你能亲身来到联合国总部，感受它的庄严与神圣，同时也来喝一杯，走近它！

## 荣幸为盛事服务

联合国大会（简称“联大”）有193个成员国，每年都要开一次全体会议，也叫联合国大会一般性辩论。开会期间，各国政要齐聚纽约。毫不夸张地讲，2015年的第70届联大是联合国本年度最重要的活动，没有之一。这一年，恰逢联合国成立70周年的历史节点，也是落实联合国“可持续发展目标”的开端。根据联合国日历安排，从9月25日到10月3日，世界上最有影响力的人都要来到总部——先是罗马天主教教皇方济各，然后是来参加联合国可持续发展峰会和联大一般性辩论的各国首脑或高级代表。

7月份，我就已经强烈地感觉到整个纽约秘书处对联大盛事的热切期盼。入职之前，马丽娅发邮件给我，让我作为实习生申请联大期间的会务志愿者，我欣然地照做了。入职之后，我发现大家互相认识之后，第一个问题不是问你来自哪、在哪个部门工作，而是问：你报名联大会务志愿者了吗？只有联合国的正式职员或实习生才可以申请参加会务工作，能够参与第70届联大，每个人都兴奋不已，我也觉得很荣幸。

## 热身项目：为联大拍片

为了给联大预热，各部门根据自身侧重，积极组织拍宣传片。外勤支柱部作为维和部的兄弟部门，想要为和平呐喊，于是组织了集体拍照活动。他们组织了 500 多位秘书处工作人员，在联合国大楼前的广场上人肉摆出“WHAT R U DOING 4 PEACE?”（你在为和平做出什么努力?）图 41 就是从联合国对面的特朗普大厦拍出来的效果图，我们 4 个实习生朋友恰好站在最后那个问号下面的“点”的位置。

图 41　呼吁和平活动效果图

动员500多人一起参加活动并不容易，但是秘书处的人总是很有一套。组织方提前给大家发邮件介绍情况，然后在广场上支起了音响，吸引人群，部门负责人还献唱了一曲，很是热闹。虽然那天又热又晒，但是大家都非常积极参加这个集体活动，为倡导和平发声。联合国职员也特别调皮，活动中有各种搞笑的造型。当天要求大家最好穿白色衣服、戴白色帽子，这样出片效果好。有的人忘记穿白上衣，就披了一条白色大浴巾来；有的人没戴白帽子，就在餐厅拿了白色一次性盘子顶在头上，一位大哥还想给我也发一个白色一次性盘子，被我微笑地拒绝了。

**图42　呼吁和平活动**

联合国图书馆和新闻部也要为盛事献礼。在联合国70岁生日这一年，他们整理了70年来的联合国文件和照片，每年挑出一个最有代表性的事件，编了一本《联合国70载——重要时刻》[①] 的图册，我在总部书店买了一本留作纪念。

**图 43　联合国 70 年纪念图书**

图书馆还组织拍摄了 70 载重要时刻的宣传片，我还“被群众演员”了。有次，我去图书馆借书，恰好他们在图书馆取景，要拍职员来借书的镜头，我就欣然客串了一下。

## “马路办”：带记者“走后门”

作为志愿者，我们被分配到新闻部下面的媒体联络处工

---

① *The United Nations at 70：Moments and Milestones*，Lifetouch，United Nations，2015.

作。媒体联络处的英文是 Media Accreditation and Liaison Unit，简称 MALU 办公室，发音听起来就是“马路办”。“马路办”有点像“街道办”，“街道办”是政府跟群众联系的窗口，“马路办”是联合国跟外界媒体沟通的部门，主要为媒体提供引导和管理。为了方便沟通群众，“街道办”都在社区里，而“马路办”在秘书处大楼二楼，是所有办公室里最低的楼层。“马路办”的执行主任是大帅哥托尔（Tal），就是在图 44 左边感谢信上签名的这位官员，我们都听他指挥。

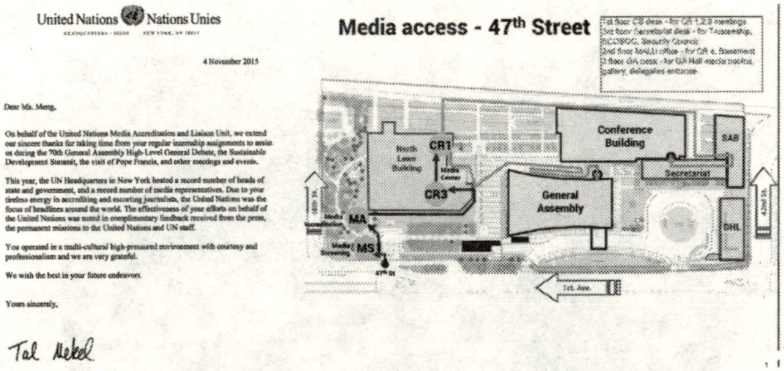

United Nations Nations Unies

4 November 2015

Dear Ms. Meng,

On behalf of the United Nations Media Accreditation and Liaison Unit, we extend our sincere thanks for taking time from your regular internship assignments to assist us during the 70th General Assembly High-Level General Debate, the Sustainable Development Summit, the visit of Pope Francis, and other meetings and events.

This year, the UN Headquarters in New York hosted a record number of heads of state and government, and a record number of media representatives. Due to your tireless energy in accrediting and escorting journalists, the United Nations was the focus of headlines around the world. The effectiveness of your efforts on behalf of the United Nations was noted in complimentary feedback received from the press, the permanent missions to the United Nations and UN staff.

You operated in a multi-cultural high-pressured environment with courtesy and professionalism and we are very grateful.

We wish the best in your future endeavors.

Yours sincerely,

Tal Mekel



**图 44　左边是媒体联络处给联大志愿者的感谢信，**

**右边是联大期间媒体进入联合国的线路图**

托尔带大家绕联合国转了一圈，介绍了联大期间的媒体安排。图中粗箭头是外围区：从 47 街入口进来，通过安检口（MS），申请媒体通行证（MA），经由第 1、3 号会议室（CR1、CR3），这时你才刚刚进入联合国。再看细箭头，是联合国会议区：可以到大会堂看国家首脑的发言，也可以到会议大楼报道其他高规格的边会。

志愿者也分了组：有人在外围区工作，给媒体发证；有人在会议大楼引导媒体；有人在大会堂引导媒体。还有最兴奋的一组人是在秘书长办公室工作，因为联大期间很多国家首脑、名人都要跟潘基文合影，所以这一组志愿者就是在这种场合组织合影工作。我被分配到大会堂做引导工作，具体怎么引导呢？主要原则就是有序地“走后门”，因为记者必须在大会进行中从“后门”走到拍摄点。而且由于空间有限，领导人发言的时候，只有本国记者可以进去拍，没机会拍其他国家领导人的照片。不过，世界上的大型通讯社拥有全程拍摄的权利，比如中国的新华社。

**图 45　作者在联合国大会堂工作**

大会堂里给媒体的拍摄点主要有两处：一处在会堂两旁，一处在会堂里。图 45 是开会现场的朋友拍的，当时我陪同一个记者到会堂里的拍摄点。图中可以看到，大会堂会场前排侧面二层和三层的格子间都是媒体拍摄点。亮着灯、有玻璃反光的格子间是同声传译员的，其他黑黑的格子间是给媒体的。图 46 就是从媒体格子间拍的，是俄罗斯总统普京在大会堂的发言。普京全程讲俄语，我完全没听懂。通常来讲大国领导人发言都会赢得几次掌声，我记得普京的发言全场非常安静，他讲话声音也很轻，我想，他也感受到这不是他的主场吧。

**图 46　俄罗斯总统普京在联大一般性辩论会上发言**

## 外交礼仪说道多

联大一般性辩论（general debate）虽然叫“辩论”，但是各国领导人发言完没有那种你来我往的“辩论”。发言的顺序也很有趣，还有内幕花絮。我的主管埃里克森先生告诉我，联大刚成立的时候，没有一个国家元首愿意第一个发言，于是成员国商定，如果这次大会谁第一个讲话，以后所有的联大该国都有“首发”资格。巴西自告奋勇，于是巴西一直都是联大发言的第一位。第二个发言的是东道国，即美国。后面就是随机排列了。中国排在第四位，我在大会堂里全程聆听了习近平主席的发言。图 47 给大家一点现场感觉，图片下方还能看到当时站在我前面挡镜的小脑袋。

**图 47　2015 年 9 月 25 日，习近平主席在“可持续发展峰会”上发言**

主席台的座位安排也很有讲究。仔细看图 47 就会发现，坐在最高主席台上的有三个人：正中央是第 70 届联大主席吕克托夫特，他右手边是潘基文秘书长，左手边是负责大会事务部的副秘书长。看起来坐在中央的联大主席是个重要角色，其实联大主席每年选一个，就是大会主持人。我有一次在旁听会议，恰好在托管理事会会议厅旁边发现了联大主席的办公室，就走进去跟他的保安介绍了自己的情况，然后跟吕克托夫特主席聊了一会。他曾是丹麦议会议长，所以他说自己做“主持人”的经验还是很丰富的。他本人看起来还是挺严肃的，眉间都挤出几道皱纹。我跟他说，我是来自中国的实习生，非常开心能够见证我们习近平主席承诺为联合国投入更多的资金和支持，也期待中国未来承担更多责任。他听完开心地大笑，所以合影的时候，他还有满满的笑意。

**图 48　作者与第 70 届联大主席吕克托夫特先生，摄于联大主席办公室**

回到主席台的话题上，台上左侧还有一把黄色的大椅子，这也是个有趣的外交礼仪。来到联大发言的一定是最能代表国家权力的领导人，每个国家政体不同，发言人分为国家首脑和政府首脑。比如时任美国总统奥巴马作为国家首脑最能代表国家来发言，而德国的总理默克尔作为政府首脑最有代表力。但是，联合国对待两者的礼遇是不同的。对于国家首脑，上台后要坐在椅子上，经联大主席介绍后，国家首脑在主席台中间发言，讲完后，联大主席和秘书长都要从左边走下来，跟国家首脑握手，并欢送首脑下台。对于政府首脑，就没有这些礼节了，他或她就在台下候场，联大主席有请后，就直接上去发言，发言后就自己直接下台了。经联合国这么一折腾，我突然发现总统制国家的领导人还是很有面子的。

## 掌声响起来

联大期间，我们的习主席在大会堂发表了两次讲话，一次是在可持续发展峰会，另一次是在联大一般性辩论会。我在现场见证了他的发言以及发言过程中赢得的掌声，非常激动。作为亲临现场的小同学，我还做了一次中国的公关工作。当时可持续发展大会就在教皇访问联合国之后一天，我记得当时在国内微博上有人对比两次活动现场观众情况后发现，教皇的演讲现场座无虚席，而习主席的发言现场有很多空位，很多人就质疑中国在联合国很不受待见。我从会议制度的角度进行了解释，并且发在了微信朋友圈（见图 49），有很多老师和朋友帮我转发和扩散真相。

**图 49　作者微信朋友圈截图**

还有个更有趣的花絮。在可持续发展峰会上，习主席本来是安排在第 13 个发言，可是当天习主席迟到了。他在台边候场的时候，后续要发言的几个发展中国家领导人排起了长队，来挨个跟习主席握手致意。当时的场面十分震撼，我第一次如此深刻地感受到国际社会对中国的尊重和仰慕，我的民族自豪感瞬间爆棚。

观众的掌声也激发我更深入的思考。在联大一般性会议上，时任美国总统奥巴马第二个发言，习近平主席第四个发言，他们的发言过程都曾被掌声打断。仔细听来，当奥巴马提到“自由”“民主”“人权”“国际法”等字眼的时候，台下报以热烈掌声；当我们的习主席承诺“免除非洲无息贷款”，

图 50　发展中国家领导人排队与习近平主席握手

“建立10亿和平与发展基金”，建立“200亿南南合作发展基金”的时候，观众们反响热烈。我始终认为，发展与援助也是一种重要的价值和理念，只是中国在国际社会上需要继续努力的地方还很多。

作为一个女性，我特别想把赞美献给我们中国的第一夫人——彭丽媛。联大期间，彭丽媛参加了一些促进教育、妇女儿童权利的会议，她那歌声般流畅而甜美的英文表达征服了很多人。她举止优雅，心系全球教育和妇女事业，真是中国优秀女性的代表。夫人外交，给我们当前现实主义的国际政治注入一股暖流和活力。我想，她也激励着不同国家、不同民族、不同文化的女性，我们可以如此独立、自强、优雅地工作和生活。

**图 51 第一夫人彭丽媛在教育议题的会议上发表英文演讲**

第 70 届联大是极具历史意义的，据统计，有 97 位国家元首、5 位副总统、44 位政府首脑、5 位副总理和 42 位部长级代表在 2015 年联大一般性辩论上发言。联大主席吕克托夫特说，“这次一般性辩论汇聚了比以往任何时候都多的国家元首和政府首脑来讨论有关全球和平、安全和人权方面的挑战与机遇”。[①] 我很有幸参与了这次盛事，也期待各国领导能落实自己在会上提出的承诺，共同营造一个和平与发展的国际环境。





① 参考联合国新闻：http：//www. un. org/chinese/News/story. asp? NewsID = 24845，登录时间：2016 年 10 月 2 日。

# 冷静慎思

作为一个联合国与和平研究者

## 三个联合国?

我联合国人民同兹决心

欲免后世再遭今代人类两度身历惨不堪言之战祸,

重申基本人权,人格尊严与价值,以及男女与大小各国平等权利之信念,

创造适当环境,俾克维持正义,尊重由条约与国际法其他渊源而起之义务,久而弗懈,

促成大自由中之社会进步及较善之民生……

——《联合国宪章—序》





正如《联合国宪章》的序言所说,联合国诞生的初衷是避免第三次世界大战,维持世界和平与安全。1945 年 10 月 24 日,联合国正式成立,算起来它还是天蝎座的。联合国对于纷繁国际事务的高度敏感性,对于在大国博弈中保持自己的中正与纯粹性,对于和平、发展与人权三大支柱事业的孜孜追求和忠诚性,还真的很符合天蝎座的个性特质。联合国大会设定 10 月 24 日为"联合国日",2017 年已经是第 72 个年头了。

**图 52　2015 年 8 月 24—28 日，中国常驻联合国代表团在联合国纽约总部举办纪念联合国成立 70 周年活动。左边为“为了和平的纪念”图片展，右边为上海交响乐团在联合国大会堂的演出**

经过 70 余年的发展，联合国现在拥有 193 个成员国，最新的一个成员国是 2011 年新独立的南苏丹。除了成员国，还有像巴勒斯坦这样的观察员国，以及像非洲联盟这样的观察员组织。这些观察员不像成员国那样有投票权、要交会费、能参与决策，它们更多地扮演旁听和咨询的角色。

经过 70 多年的努力，联合国及其附属机构和职员获得了 11 次诺贝尔和平奖，表彰了那些“为促进民族团结友好、取消或裁减常备军队以及为和平会议的组织和宣传尽到最大努力或做出最大贡献的人”（摘自诺贝尔的遗嘱）。获此殊荣的，有联合国秘书长科菲·安南和达格·哈马舍尔德，有联合国儿童基金会、国际劳工组织、国际原子能组织、国际禁止化学武器组织等机构，其中联合国难民署于 1954 年和 1981 年两度获诺奖。

超越了 70 年的奔走呐喊，活跃在联合国平台上的广大市民团体为我们贡献了一个更美好的世界。有一些具有深远影响力的非政府组织，其历史和盛誉甚至超过了联合国，比如有近百年历史的红十字国际委员会、国际妇女争取和平与自由联盟等组织。市民团体活跃在各个方面——环境保护、小武器问题、禁雷运动、赋权妇女等。现在，非政府组织与联合国多方机构建立了密切的正式和非正式联系，这些机构包括联合国经社理事会、新闻部以及各实体机构（如联合国儿童基金会），甚至跟安理会这等高大上的地方也有不定期的大使见面会机制。

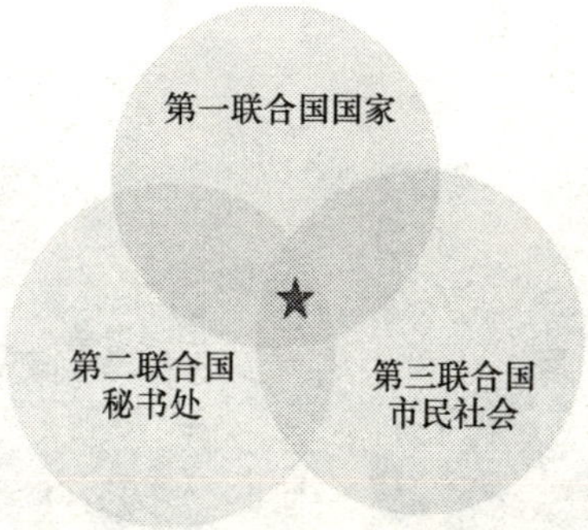


**图 53　三个联合国**

70 多年来，我联合国人民，有来自成员国政府的外交官，有来自联合国秘书处的国际公务员，还有来自非政府组织的代表，他们在联合国这个平台上奔走呼喊，深刻地影响着我们的世界。有哪些“我联合国人民”与联合国发生密切关系呢？联合国研究领域著名学者维斯（Thomas Weiss）教授提出了“三个联合国”[①] 的概念：第一联合国是联合国之成员国，第

① Thomas Weiss, Tatiana Carayannis and Richard Jolly, “The Third United Nations,” *Global Governance*, Vol. 15, 2009, pp. 123 – 142.

二联合国是联合国之秘书处，第三联合国是联合国之市民社会。

第一联合国，就是这193个成员国。它们是出资方，联合国每年50多亿美元的常规预算和约80亿美元维和摊款都来自成员国的口袋。它们是决策者，在联合国大会每国一票，通过投票决定事务；其中安全理事会、经济与社会理事会的成员在会上讨论和决议，影响国际政治和经济事务。每个国家都要派代表常驻联合国总部，代表本国参与联合国的会议和活动，负责与联合国协调和沟通。

**图54　2015年7月23日在中国常驻团八一建军节招待会上，左边为作者与时任常驻代表刘结一大使的合影，右边为招待会邀请函**

从联合国纽约总部秘书处大楼向南走几条街，就到了中国常驻联合国代表团的大楼，他们工作和生活在这里。彼时中国的常驻代表是刘结一大使，与时任纽约总领事章启月大使是一家人，真是幸福的“伉俪大使”。代表团每年对外会有两次招待会——八一建军节和春节招待会，邀请在联合国及各国常驻团工作的官员，有中国同胞也有外国友人，这是一个互通有无、交流感情的良好机会。

第二联合国，是联合国系统遍布全球的办公处。根据最新的2016年秘书长报告，[①] 联合国系统相关实体的工作人员有75934人，其中联合国秘书处有40131人。他们的办公地点遍布全球，从纽约的总部到蒙罗维亚的联合国利比里亚特派团，从曼谷的联合国亚太经济社会委员会到巴勒斯坦的联合国近东救济工程处，世界上需要帮助的地方都有联合国职员的身影。

他们是落实联合国决议的执行人，组织维和部队执行和平行动，协调各方保障发展项目顺利进行，保证粮食进入最需要的地区等。他们是维系联合国日常运转的服务官，协助联大会议会务工作，撰写和提请报告，向外界报道和宣传联合国的价值等。作为秘书处的大BOSS，联合国秘书长更是工作繁多，责任重大。

我有幸在一次活动中，与时任秘书长潘基文先生有过短暂照面，他总是那么和善与谦逊，他与我们实习生握手并感谢大家，因为联合国实习生一般是没有工资的。同时，他也有一种令人肃然起敬的威严。联合国工作文化非常平等和多元，本来我们几个年轻人商量好，秘书长过来的时候跟他讲他的母语韩语："抗撒思密达，阿加西！"（谢谢您，大叔）。后来大家并没有说出口，在潘基文秘书长走过的时候，我们确实内心肃然起敬，于是轻声跟他说："Thank you very much，your excellency！"（谢谢您，尊敬的阁下）

① 《2016年秘书长报告——秘书处的组成：工作人员统计数据》，A/71/360，2016年8月31日。

**图 55　2015 年 8 月 28 日，作者与第八任联合国秘书长潘基文合影**

第三联合国，是包括非政府组织、学术团体、专家、独立委员会甚至个人在内的广大市民社会。这是一个最有活力的群体，在他们的努力下，弱势群体的权利得到了保障，权力也受到了监督与制衡。

他们是新规范的倡导者，在社交媒体上通过讲故事、吸眼球的活动让民众关注相关议程，比如国际禁止地雷运动的非政府组织请地雷受害者讲述自己的遭遇，呼吁禁雷的人道主义行动。在联合国或政府的会议期间组织平行会议，非政府组织的观点有时能纳入官方会议的成果文件。

他们是信息员和监督官。由于非政府组织有丰富的实地工作经验，他们掌握当地的情况，为联合国提供信息，同时也监督联合国兑现其承诺。比如“国际儿童兵”组织对冲突地区的儿童兵情况有情报收集渠道，定期向联合国负责儿童和武装冲突问题的秘书长特别代表办公室汇报并监督办公室的实地工作效果。

很多有影响力并且经费宽裕的非政府组织在联合国总部周围都设立办公室，与联合国沟通有无、协调办事。在纽约秘书处大楼正对面有一幢大楼叫“联合国教堂中心”，兴建于1963年，有12层楼，专门给非政府团体办公使用，是市民社会通往联合国事务的一扇门。

**图56　2015年4月13日，在联合国教堂中心举办讨论会，左边为教堂与社会董事会的项目协调员在进行发言，右边为联合国教堂中心**

因为非政府组织最开始都是教会动员起来的，宗教市民团体比较多，在这座大楼里最初也都是教会组织，后来更多形式的市民团体也进驻进来。历史上，这幢大楼里的非政府组织在联合国诸多领域起到过先锋作用：在非殖民运动中帮助新成立国家参与联合国事务，促成《联合国海洋公约》和《联合国儿童权利公约》等重要文件的达成，协助建立了联合国土著问题常设论坛。[①] 我曾于2015年4月在大楼里参加过一次讨论会，关于如何保护多米尼亚共和国境内没有国籍的海地后裔，由非政府组织教堂与社会董事会（General Board of Church and Society）举办，邀请了弗罗里达国际大学的教授、联合国难民署以及其他相关非政府团体参加。讨论结果会撰写成文，在经社理事会的非政府大会上递交。

三个联合国之间有一种“旋转门”机制。有些人就属于前面图53中的红星区域，他们“旋转”任职于第一、第二、第三联合国之间，这样可以更好地整合各方力量，为世界服务。比如第六任联合国秘书长布特罗斯·加利，他在就任秘书长之前，是埃及一位享有盛誉的国际法专家，后在埃及政府部门工作；而他卸任秘书长之后，又在欧洲办起了两个非政府组织，办得有声有色。又如国内积极致力于推动联合国与中国联络的陈健大使，他曾在外交部工作，曾任中国驻联合国大使，为中国政府工作；后来，他被委任为联合国副秘书长，领取联合国国际公务员的工资；退休后，他在中国联合国协会这个半官方的非政府组织担任会长，同时，在他的倡议和努力下，在复旦大学建立了联合国与国际组织研究中心。还有很多外交官、学者，他们运用自己高超的外交能力、精准的专业知识、强大的感召力和凝聚力，游刃有余地穿梭在联合国之政府、联合国之秘书处和联合国之市民社会之间，为各方搭建了互相沟通的桥梁，促进联合国事业的蓬勃发展。

---

① 参考：http：//www.unitedmethodistwomen.org/ccun，登录时间：2016年12月29日。

## 和平行动：一项政治使命

在诺贝尔奖成立百周年之际，我们将和平奖第一个颁予联合国，以此宣告：联合国是通过谈判实现全球性和平与合作的唯一途径。

——诺贝尔奖委员会 2001 年授予联合国诺贝尔和平奖的颁奖词。①

“可是我们真的没有办法，联合国维和特派团不开展反恐行动……”说话的这位先生无奈地笑了，显然，他曾无数次这样解答疑惑：“联合国维和是服务于政治进程的，不是一个军事行动（隐含意思：反恐是军事行动），我们在自身能力范围内落实安理会授权给维和部的任务。恐怖事件不会导致维和任务的改变，因为没有成员国愿意把自己的士兵派到恐怖主义聚集的地方。围绕反恐，我们可以做的就是，打击贩毒、非法

① 参考：http://www.nobelprize.org/nobel_prizes/peace/laureates/2001/press.html，登录时间：2016 年 10 月 16 日。

武器交易、跨国犯罪、人口贩卖等恶行，切断恐怖主义集团供给来源，提高当地的社会经济状况。但是这些都不是一蹴而就的，需要长期努力。”

图 57　苏和

这位对联合国维和行动有深刻洞见的人就是时任联合国维持和平行动部部长、联合国副秘书长苏和，他曾是法国驻华大使，于是有了这个亲切的中文名字。2015 年 11 月底，我们在哥大老师林邓麦教授的带领下，与苏和先生进行了一次对话，探讨了联合国和平行动当下遇到的挑战和未来努力的方向。

说起维和面临的挑战，我总能想起“HIPPO”报告①里触目惊心的一句话：在当今一些和平行动的部署环境中，几乎或者根本没有和平可维持。如果你比较关注国际新闻，近几年可以越来越频繁地看到维和士兵遭到恐怖分

---

① 2015 年是联合国的报告之年，出台了很多重要的审查和回顾的报告，其中在和平行动领域有三个极具影响力的报告：第一个报告是《和平行动问题高级别独立小组的报告——集中力量，促进和平：政治、伙伴关系和人民》，英文是 Uniting Our Strengths for Peace：Politics，Partnership and People-Report of the High-Level Independent Panel on Peace Operations，英文缩写是 HIPPO，所以大家都简称 HIPPO 报告；第二个是《建设和平架构审查专家咨询小组的报告——维护和平的挑战》，英文是 The Challenge of Sustaining Peace-Report of the Advisory Group of Experts for the 2015 Review of the UN Peacebuilding Architecture；第三份报告是《联合国安理会 1325 号决议执行情况的全球调研——预防冲突、化身公正、保障和平》，英文是 Preventing Conflict，Transforming Justice，Securing the Peace-A Global Study on the Implementation of UN Security Council Resolution 1325。

子袭击的报道，其中也不乏中国维和士兵牺牲的消息。在这样一个严峻的环境下，联合国依旧坚守维和是政治行动，不能参与反恐，军事反恐行动需要国家武装力量去做。比如在恐怖分子横行的马里，联合国特派团的主要工作是保护平民、安全部门改革，军事反恐工作是由法国军队执行的。

**图 58　2015 年 11 月 18 日，哥伦比亚大学师生与时任联合国维和部长苏和先生座谈**





会上，我问苏和先生，面对恐怖分子在当地肆意攻击，联合国能做点什么呢？他说："我们维和部正在提高任务区的情报和技术能力。过去我们都是靠维和士兵巡逻来获取信息的，但是很多危险的地区，靠人来收集情报成本太高了。我们正在开发在马里和刚果民主共和国的情报系统，虽然这被很多具有某种意识形态的国家批评。技术上，我们需要信息技术，特派团有工程师、医疗人员，我们还急需空中的技术支持。两年前我们第一次使用了监察无人机，用于监察而不是战斗的，极大提高了我们在刚果民主共和国东部的任务执行能力。我们正准备在马里北部也部署监察无人机，我们还想在南苏丹部署，因为南苏丹比法国或德国面积都大但是只有500公里的公路，如果有无人机，在保护平民、监督停火上将起到非常重要的作用。”

在会谈最后，他特别强调说，“这一切努力，我们都要依仗安理会或成员国的意志。所以我们总说‘维和需要政治优先’，安理会对我们工作的支持至关重要，还有所有成员国对我们资金和人力上的支持”。

## 维和：一项政治行动

苏和先生反复强调维和是一项政治行动，为了更好地理解这一点，我们首先要了解联合国维和行动的定义。尽管各国对联合国维和行动的定义各有不同，但是大家对它的界定有一个基本共识：根据联合国安理会的决议和授权，由会员国派出维和人员进入到指定的国家和地区，在联合国的主导下，协助冲突各方维持和平，并最终实现持久和平的行动。这里面强调了“联合国主导”，就是说联合国要负责指挥控制和后勤保障，所有的经费由维和摊款来买单，维和特派团高级官员是由联合国来任命的，而且要向联合国的总部报告并向其直接负责。

图59　联合国第二任秘书长达格·哈马舍尔德①

**哈马舍尔德：联合国维和行动应该是属于《联合国宪章》第六章半的行动。**

联合国维和行动的合法性根植于《联合国宪章》，其宗旨的第一条就是维持国际和平与安全。怎么理解联合国第二任秘书长达格·哈马舍尔德的这句话呢？《联合国宪章》第六章规定要使用和平手段来解决国际争端和武装冲突，第七章规定要使用一些如经济制裁、使用武力等强制性的手段来解决冲突，而维和行动介于两者之间，故曰“第六章半行动”。

从实践中看，一方面联合国维和行动不是强制性的军事行为。在我们的脑海里，只要部队出现，就是打仗，但是联合国

① 图片来源：http：//www.un.org/chinese/sg/formersg/hammerskjold.shtml，登录时间：2017年9月16日。

维和特派团不是去打仗的。另一方面，联合国维和也不是纯外交的手段，不是说大家喝喝咖啡，然后与政治人物调停。联合国维和行动是介于两者之间的一种特殊的手段。



**德奎利亚尔：维和行动是无战斗之敌、无战斗之地，武器用于自卫，效果依靠合作。**

联合国第五任秘书长哈维尔·德奎利亚尔对维和行动的概括非常经典也很形象。也就是说，维和行动既没有敌人也没有战场，不是简单的以暴制暴，而是以非暴力用于军事领域；“武器用于自卫”就是除非维和人员受到安全的威胁，否则是不可以使用武力的；为什么说效果依靠合作呢？我们从联合国的国际组织的自身特性来看，虽然其在国际上有很高的地位和很高的声望，但它不是世界政府也不是高于国家主权的乌托邦，而是建立在各国主权平等基础上的一个国际组织，所有的权力都来自于会员国的授予。联合国作为非营利的组织，人财物全部都依赖于会员。所以说，如果会员国不提供兵力、装备、物资、经费上的支持，联合国维和行动只能是纸上谈兵。

## 维和人员国际日

联合国最早的联合行动可追溯到 1948 年 5 月 29 日。为了应对中东危机，联合国部署了由军事观察员组成的维和行动，叫做联合国停战监督组织，总部设置在耶路撒冷，主要是监督阿以的停火、隔离冲突。后来，联合国把 5 月 29 日定为维和人员国际日，以纪念联合国维和行动的诞生。

每年 5 月 29 日维和人员国际日，在纽约总部都会举办授勋仪式。为了表彰维和人员对世界和平与安全做出的努力，联合国会给他们颁发两种勋章：“联合国维持和平勋章”颁给每个参与联合国维和的人，“哈马舍尔德勋章”授予那些在维和行动中献出宝贵生命的人。关于颁发勋章的事儿还闹过一个笑话。2015 年 5 月 29 日，在维和授勋仪式上有一个中国面孔，他是由中国国防部派往联合国维和部工作的参谋，前面提到的苏和先生为参谋先生佩戴了“联合国维持和平勋章”。这件事引起了国内媒体的大量报道，但是有一家媒体没有搞清楚“维持和平勋章”与“哈马舍尔德勋章”的区别，结果把授勋仪式写成“中国军官 × × × 被联合国追授哈马舍尔德勋章”，让我们都哭笑不得。

2015 年恰逢中国参与联合国维和行动 25 周年，联合国总部还举办了中国参与维和纪念图片展。其间，维和部的中国同事做了维和的报告，给大家科普联合国维和实践的知识。这些都让我对维和研究充满兴趣，在此，我也给大家讲讲联合国维和行动的小知识。

## 和平之师：参与联合国维和行动的人员都有哪些





在大家的印象里面，联合国维和人员都是军人，其实维和人员包括三类：军事人员、警务人员、文职人员。军事人员承担巡逻、警戒、后卫、执勤等职责，还有其他一些军事保障。警务人员主要是承担维护社会治安、法制建设、安全功能改革等任务。文职人员比较好理解，就是协管后勤。

截至目前，联合国维和行动累计派出 150 万人次。当下，有 12 万多人参与 16 项联合国维和行动任务，其中维和军事人员有9万多，由此可以看出，军事人员是维和行动的主体。

这里主要讲一讲维和的军事人员。第一种是装备轻武器的用于自卫的安全部队，通常是以旅和营为单位，承担的任务包括监督停火、保护平民，还要保护联合国的人员、财产和设施，尤其是为人道主义救援提供安全的保护。过去，像世界粮食计划署、人道主义救援协调厅的工作人员给冲突地区提供粮食、物资等救援的时候，不愿意有带着枪的维和士兵陪同，他们觉得军人的形象破坏了救援的非政治性（武装介入一国内政的错觉）。但是，很多冲突地带非常动荡，当地武装反对派常会抢劫救援物资，甚至绑架、杀害人道主义国际专家，所以人道主义组织和救援专家也会请求联合国维和特派团提供保护和支援。

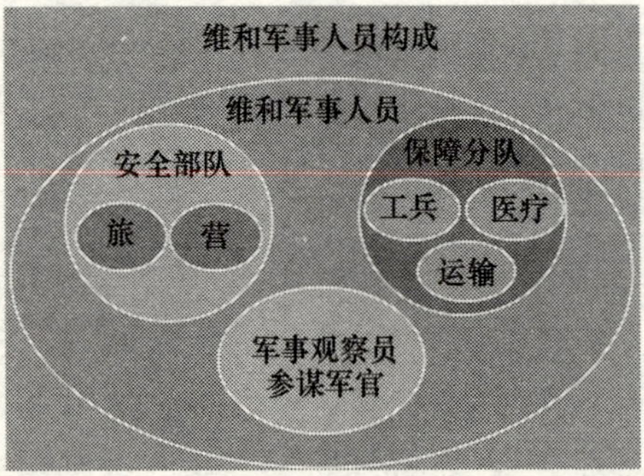


**图60　联合国维和军事人员构成**

军事人员里还有一种是保障部队，就是为执行军事任务的部队提供后勤保障，包括工兵、医疗、运输、直升机、通信，还有专门负责后勤保障的团队。需要指明，这些保障团队是为维和特派团提供支持，并非针对当地居民的，但是有些行动也惠及当地人。比如工兵团队负责修路修桥、清除地雷、维修机场，这些都是惠民便民的事情。医疗团队主要就是为联合国人员提供医疗保障，不是为当地的民众服务，因为保障的能力有限。但是在紧急情况下，特派团的医疗机构可以为当地平民提供医疗救助，不过救助的对象病情稳定下来之后就要转入到当地的医疗机构。运输分队就是为各个维和分队运输生活和工作所需要的物资，包括食品、水、柴油，联合国的所有装备一般都是用柴油。装备器材、收缴的武器，以及大选期间运选举票，这些都是运输队的任务。直升机分队分为运输直升机和战场直升机：运输直升机主要负责人员的搜救、空中侦察、物资的运输；战场直升机一般是提供保护、武力威慑等。

还有一类是军事观察员，主要是执行观察和巡逻的任务。我们听到“观察员”三字就知道是观察和巡逻，即开着车在任务区看是否有违反协议的行动。军事观察员一般是上尉到少校的军官，10 个人左右组成一个团队，都是来自不同国家的人在一起工作。

## 守望和平：联合国维和行动特派团如何派出





首先，派出维和特派团必须得到安理会的授权，也就是要有安理会决议支持这次行动。安理会会提请秘书长进行执行，不过秘书长要掌管联合国政治、安全、经济、人权等各方面事务，忙不过来，因此其采取的策略是：落实维和行动的工作两步走——在总部方面的执行工作交给秘书处，在任务区当地的工作交给秘书长特别代表。

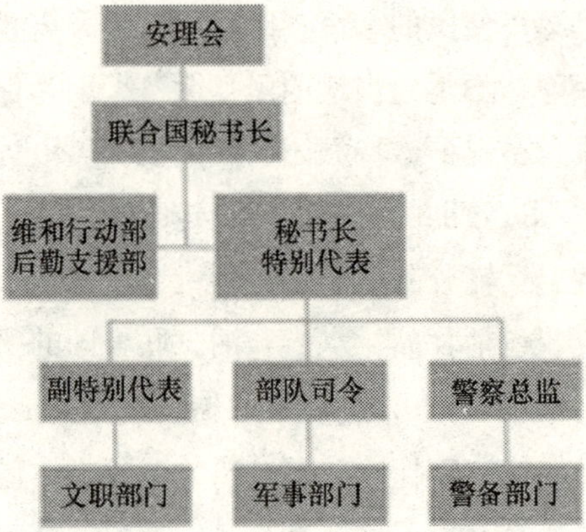


**图 61　联合国维和行动指挥体系**

接下来，我们来看看总部秘书处具体落实工作的部门，这里主要是维和行动部和后勤支援部。维和部是维和行动的总指挥部，负责维和的行动计划、准备实施和指挥，维和部的最高首长就是开篇对话的苏和先生。可以说，上到像维和的政治和行动领导，下到统筹各国政府出兵、联合国实体机构相关工作，都是维和部的工作。后勤支援部负责财务、后勤、通信技术、人力资源和行政管理等事务，这个部门是 2007 年新成立的，打破了过去维和任务保障不足的局面。

特派团层面也有严密的组织分工。特派团秘书长特别代表就是当地全权负责的总司令，下面往往还要设 2 名副代表做文职工作，主要是负责法制和人道主义工作，设 1 名军事部门的司令，还有 1 名警察总监，分别负责指挥军、警队伍。

## 建设持久的和平：联合国维和行动从1948年到现在经历了怎样的变化

上面说到，联合国最早的维和行动是1948年派遣军事观察员监督阿以停火，那么派遣大部队是什么时候？是1956年的11月，为了应对第二次中东战争，监督英国从苏伊士运河撤军，联合国向埃及派遣了第一支维和部队，称为“联合国紧急部队”，当时还不叫维和部队。回顾联合国69年的维和历程，其间实施的维和行动累积有71项，其中前40年只有15项，后面的50多项都是冷战之后实施的。我们也可以理解，冷战期间美苏两大军事集团相互对抗，在安理会一言不合就否决。到目前为止，俄罗斯加上苏联一共行使了128次否决权，美国行使了83次，几乎都是在冷战期间使用的。

冷战的结束是一个分水岭，联合国和平行动从过去的维持和平逐渐转向建设和平。从传统的维和行动转变为包括“预防性外交、建设和平与维持和平”在内的复合和平行动，从维持和平1.0升级到和平行动2.0。从表6可以看出，当今联合国建设和平行动是“一揽子计划”，在军事、政治、法制上进行制度建设，在经济和社会上注重发展，争取建设可持续的和平。

**表6　联合国维和行动的发展**

| | 传统维和行动 | 复合和平行动 |
|---|---|---|
| 时间 | 冷战期间 | 20世纪90年代中后期以来 |
| 目标 | 阻止冲突 | 解决冲突 |

续表

| | 传统维和行动 | 复合和平行动 |
|---|---|---|
| 缔造和平 | 消极和平 | 积极和平 |
| 主要内容 | 监督停火、监督撤军 | 军事上，监督停火、安全部门改革、保护平民；<br>政治上，推动和平进程、政治体制改革、选举援助；<br>法治上，协助恢复和维护法律与秩序，保护人权；<br>经济上，促进经济恢复，协调发展援助；<br>社会上，支持人道主义救援活动开展，促进社会服务的恢复，支持难民重返家园安置 |

联合国何时会撤出维和特派团呢？苏和说，“一般情况下，一个国家的民众和私营公司开始正常生活，有基本的法律，安全部门达到一定行动能力和规模，警察和军队在国家控制和命令下行动，建立了基本的秩序和司法。我们不能期待一个国家完全进入正轨，我们才撤出；也不能撤出得太早，因为可能让前期投入打水漂。”可以看出，特派团撤出时，联合国相信当地已经基本建设起了持久的和平状态。

## 中国：维和行动的重要决策国、出兵国、出资国

中国作为联合国安理会五常之一，对于安理会对维和任务的决策和授权起到重要作用，是谓联合国维和行动的重要决策国。自1990年至今，我们累计参加了29次联合国的维和任

务，派出了3.5万余人，目前是安理会五常里派出人员最多的国家，比其他4个常任理事国派出人数的总和还要多，是联合国维和行动重要的出兵国。2016年的摊款，我们缴纳了8.63亿美元，在联合国出资国之中排名第二位，是名副其实的重要出资国。

当下，中国是维和行动的重要决策国、出兵国、出资国。不过，中国与联合国维和行动有一段相爱相杀的历史故事。中国第一次邂逅“联合国军”是在1950年抗美援朝的战场上，在整个五六十年代，中国都把“联合国军”看做是帝国主义的警察部队。我找到了1964年7月2日《人民日报》上的一段话：正当刚果爱国军民奋起保卫独立，胜利地抗击着比利时侵略军的时候，一支戴着“蓝钢盔”的“联合国军”，以“维持秩序”为名，开进了这个刚诞生半个月的非洲共和国。4年来，这支人数曾达两万多的武装着美国武器的“联合国军”，在美帝国主义的控制下，对刚果进行了肆无忌惮的侵略和干涉。①

1971年中国恢复联合国合法席位后，中国对维和问题依旧是不投票、不参与。转变发生在1982年，这一年大会通过了中国负担维和摊款的申请。到1984年，中国对待联合国维和行动的态度发生了实质变化，当年10月15日，中国常驻联合国副代表梁于藩在联大特别政治委员会上发言时强调，“作为联合国的创始国和安理会常任理事国之一，中国决心和其他国家一道，为维护《联合国宪章》和加强联合国的作用尽自己最大努力。”梁于藩说：“当今世界局势十分动荡不安，人们普遍要求加强联合国维持和平的能力。对此，联合国应当不

① 《“联合国军”在刚果四年侵略罪行》，《人民日报》1964年7月2日。

负众望。”①

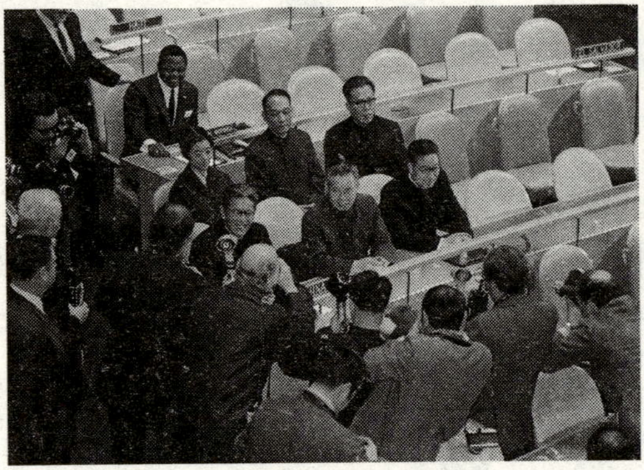

**图 62　1971 年 10 月 25 日，联合国大会恢复中华人民共和国合法席位，图中是 11 月 15 日中国代表团到访联合国，左边是代表团主席乔冠华，中间是联合国常任代表黄华②**

1990 年 4 月，中国向联合国维和行动历时最长的停战监督组织派遣了 5 名军事观察员，也拉开了我军参加维和行动的序幕。1992 年底又向柬埔寨派遣了 2 批共 800 人次的工程兵大队，这是中国首次向维和行动派遣维和人员。此后，中国派出的维和军事人员主要是工兵、运输、医疗的后勤保障分队。截至目前，中国维和人员修建的道路 13000 余公里、桥梁 300 多座，排除地雷 9400 多枚，接诊病人 16 万人次，运输 120 万

① 赵磊：《中国对联合国维持和平行动的态度》，《外交评论》2006 年第 4 期，第 80—85 页。

② 图片来源：*The United Nations at 70：Moments and Milestones*，Lifetouch，United Nations，2015，p. 59。

公吨物资超过1300公里，巡逻警戒1500余次。最近几年，中国派出的维和人员扩展到安全部队。2013年12月向联合国马里派遣了一支工兵分队、一所二级医院、一支警卫分队，警卫分队是中国第一次派遣的安全部队。2015年4月，向南苏丹特派团增派了首支维和步兵营，一共700人。

2015年9月，习主席在联合国维和峰会向国际社会承诺，中国军队将建设一支8000人的待命部队和一支常备警队，向达尔富尔任务区派遣一支维和直升机分队，在今后5年内为各国培训2000名维和人员，用1亿美元来加强非洲国家的能力建设，这些承诺都在抓紧落实中。

我接触到不少从事维和工作的中国军官，他们都告诉我，中国参与联合国维和行动的首要目的是政治意义，彰显大国责任，这也呼应了联合国对于维和任务的界定——一项政治行动。其次，参与维和任务也能锤炼摔打我军部队。最后，我们坚定支持并积极参加联合国维和行动，也符合我国外交宗旨——维护世界和平，促进共同发展。

69年来，联合国维和行动累计投入已经超过1000多亿美元，2015年到2016年年度预算是82.7亿美元，这听起来是很大的数字。联合国前任秘书长科菲·安南曾说：最昂贵的维和行动也比最廉价的战争成本要低得多。虽然耗资巨大，但是比起战争带来的，无论是物质上的巨大损失还是精神上的摧残，应该说维和行动所带来的好处比它所消耗的资源要丰沛得多。我们要更好地认识这项政治行动！

**推介机构：中国维和警察培训中心**

经公安部批准，中国维和警察培训中心于2000年8月在武警学院成立，承担维和警察、维和警察防暴队、警务联络官和外籍警察培训任务。具体解释一下，维和警察分为单警和防暴队，就是个人还是小集体行动的区分；警务联络官一般是在中国驻外使领馆的警务官员。截至 2017 年 9 月，中心累计举办了 70 期维和警察培训班、13 期成建制维和警察培训班、2 期常备维和警队培训班、3 期警务联络官培训班、22 期外籍警察培训班，培训各类人员共计 3990 人次。目前，我国政府已向东帝汶、波黑、科索沃、利比里亚、苏丹、塞浦路斯、阿富汗、海地、南苏丹等 9 个联合国任务区派遣维和警察 2583 人次，向 19 个国家及国际组织、20 多个驻外使领馆派驻了警务联络官。①

培训中心成绩斐然。2012 年 12 月，维和培训中心通过联合国维和警察派遣前培训课程认证，我国成为世界第九、亚洲第一个通过该认证的国家。从 2000 年成立到现在，经过培训的维和警察无一战斗伤亡、无一因故遣返，受到友军和联合国极高评价。

我有幸在 2012 年和 2017 年两度参访培训中心，亲眼见到“高配”的训练园区，也拜读过中心老师的维和研究大作，深受震撼，这里绝对是维和警察的摇篮和维和研究的重要基地。从培训硬件上看，中心有独立的射击馆、训练馆，可容纳 1200 人同时上课；室外训练园区两期共斥资近 3 亿进行建设，搭建了联合国维和任务区仿真训练场。从软件上看，中心领导和教师有 30 多人，其中 2/3 参加过维和行动，有切身经历；中心的高心满副教授、何银副教授等专家在国内外期刊和智库

---

① 数据来自中国维和警察培训中心。

平台上发表文章，相当有质量和深度，是中国维和研究的领军人物。

**图 63　2015 年 12 月 6 日，作者访问中国维和警察培训中心**

2017 年 4 月 14 日，北京大学国际关系学院副院长王逸舟教授带领 70 余名北大学生访问培训中心，这是中心首次与国内高校开展交流活动。[①] 希望未来通过彼此之间的密切合作与真诚交流，北京大学国际关系学院与中国维和警察培训中心能为中国维和事业做出更大贡献！

① 参考：http：//pkunews. pku. edu. cn/xwzh/2017—04/20/content_ 297517. htm，登录时间：2017 年 9 月 10 日。

# 南苏丹："独"易"立"难

拯救南苏丹，不仅仅是将它从战火中解救，更是要从失败中重建，国家领导力是最关键的因素。

——2011—2014 年联合国南苏丹共和国特派团负责人、秘书长特使希尔德·约翰逊。[①]

## 南苏丹局势：从独立到内战

南苏丹是世界上最年轻的国家。它自 2011 年 7 月 9 日独立，7 月 14 日联合国大会同意其成为联合国成员国，但是一直受到暴力冲突困扰，真是"独"易"立"难。从独立到内战，南苏丹爆发大规模人道主义灾难，影响到地区甚至国际和平与安全。此外，当地的中国企业（包括中石油等大型企业）也蒙受损失。

① Hilde Johnson, *South Sudan: The Untold Story from Independence to Civil War*, New York: I. B. Tauris & Co. Ltd, 2016.

自建国之日起，南苏丹局势就一直不稳定，在2013年和2016年爆发了两次大规模内战。2013年7月，总统基尔（Salva Kiir Mayardit）解除副总统马沙尔（Riek Machar）职务。同年12月15—18日，南苏丹首都朱巴发生激烈武装冲突，造成大量的南苏丹人死伤和流离失所。总统府指责马沙尔图谋政变，引发基尔和马沙尔两派势力的长期争斗，马沙尔逃离朱巴。在东非政府间发展组织（Intergovernmental Authority on Development）等多方斡旋下，冲突双方于2015年8月签署了《解决南苏丹冲突协议》。

**图64　中国维和士兵在南苏丹难民营执勤①**





2016年4月，马沙尔携护卫部队返回朱巴，与基尔握手

① 图片来自中国人民解放军八一电影制片厂导演尚倡仪。尚昌仪领导的摄制组先后9次赴联合国苏丹达尔富尔、黎巴嫩、西撒、刚果（金）、利比里亚、南苏丹等7个维和任务区拍摄，历时8年，以中国军队参加联合国维和行动为主题，先后完成了《在UN的旗帜下》《为了和平》《拆弹部队》《中国妈妈》和15集大型文献纪录片《中国蓝盔》等纪录片的摄制工作，其中《在UN的旗帜下》和《中国妈妈》在国际军事电影节上分别获得大奖。

言和，本想成立民族团结过渡政府。然而，双方在一些关键问题上一直争执不休，两派部队对立严重，摩擦不断。7 月 7 日，在首都的马沙尔一派部队怀疑政府安全部门逮捕、暗杀其军官，遂发起报复性攻击，杀死 5 名基尔一派部队的士兵，导火索就此点燃。7 月 8 日，基尔和马沙尔在总统府举行闭门会议时，双方卫队在门外大打出手。随后冲突迅速升级，双方动用重武器在总统府、机场、联合国营地附近进行激烈战斗，造成包括 30 余名平民在内的至少 270 余人死亡，其中包括 2 名中国籍维和士兵。[①] 7 月朱巴冲突在国际上引起广泛关注，联合国要求基尔与马沙尔"尽最大努力控制各自的部队，尽快结束战斗，防止冲突蔓延到其他地区"，并认真、全面地执行《解决南苏丹冲突协议》；非洲联盟对冲突表达严重关切，称其为"令人发指的愚蠢行为"……[②]

**图 65　2016 年 7 月的南苏丹交火中，维和步兵营失去了李磊、杨树鹏两位战友，官兵们在朱巴为战友送行[③]**

---

① 根据 2016 年 10 月 22 日对南苏丹总统办公室官员的采访。

② 殷悦："南苏丹：'独'易立'难'"，《世界知识》2016 年 15 期。

③ 图片来自尚昌仪。

2016年12月23日，安理会就美国起草的南苏丹问题决议草案举行表决，草案旨在对南苏丹实施武器禁运并加强制裁举措。投票结果为7票赞成、8票弃权，草案未获通过。中国常驻联合国副代表吴海涛在表决后发言时说，中方一贯主张慎用制裁，认为制裁应服务于政治解决大局，不赞成利用制裁向发展中国家施压。南苏丹过渡政府对执行安理会相关决议和联合公报表明了政治意愿。东非政府间发展组织峰会公报表示不支持对南苏丹实施武器禁运等制裁措施，东非政府间发展组织和非洲国家的合理诉求必须得到充分重视，国际社会应推动南苏丹各方继续落实和平协议，使南苏丹问题重回政治解决轨道。①

## 重建南苏丹："创造性介入"

随着中国的成长，中国承担了越来越多的国际责任。在斡旋南苏丹危机中，中国发挥了很大作用。北京大学王逸舟教授提出，中国外交呈现新取向——"创造性介入"国际事务。这是一种介于形而上的理论和具象的政策解释层次之间的引导性说明，也可以说成是一种旨在激励更加积极参与国际事务、倡导创造性解决方案的对外关系思想。② 中国的"创造性介入"秉持三个原则：第一，在《联合国宪章》许可范围内，

① "中国代表呼吁推动南苏丹问题重回政治解决轨道"，新华网，参考：http：//news. xinhuanet. com/2016—12/24/c_ 1120178894. htm，登录时间：2016年12月24日。

② 王逸舟：《创造性介入——中国外交新取向》，北京大学出版社2011年版，第4页。

或者有联合国的授权、获得安理会的通过；第二，得到当事国或当事国多数派别的默认、接受或者欢迎；第三，获得周边国家认可，积极参与区域多边机制解决问题。[1]

**图 66　王逸舟教授的《创造性介入》三部曲**

根据这三个原则，中国在南苏丹问题上秉持鲜明的外交立场：主张国际社会应采取客观、公正和平衡的立场，并对制裁（武器禁运）或威胁使用制裁一向持十分慎重的态度；主张非洲人通过非洲方式解决非洲问题，支持非盟为推动解决南北苏丹问题所做的努力；在参与方式上，与西方国家以民主为“幌子”肆意干预非洲国家内政的做法不同，中国的创造性介入参与不仅讲求有理、有据、有节，而且注重实效性。[2]

具体来看，自 2011 年南苏丹独立以来，中国创造性介入

---

① 王逸舟：《创造性介入——中国外交新取向》，北京大学出版社 2011 年版，第 95—96 页；章迪禹、王逸舟：“中国是否应该加强介入国际事务”，《世界知识》2012 年第 2 期。

② 姜恒昆：“中国在南北苏丹关系问题中的作用”，《非洲研究》2013 年，第 1 卷。

南苏丹冲突解决的方式主要有下面三种：第一种方式是劝谈促和，参与地区多边的斡旋和冲突调解工作。在南苏丹问题上，中国一贯鼓励通过协商、对话的方式解决政治问题，积极扮演着劝谈促和的调解员角色。中国政府早年为了应对“达尔富尔问题”专门设置了“中国政府达尔富尔问题特别代表”，现在改称为中国政府非洲事务特别代表。前任中国政府非洲事务特别代表刘贵今大使和钟建华大使都曾先后多次率外交使团到达朱巴，劝说领导人通过谈判解决冲突问题。

2015 年 1 月 12 日，王毅外长在喀土穆访问苏丹，出席了“支持东非政府间发展组织南苏丹和平进程”专门磋商会，调停南苏丹冲突双方，加速国家和平谈判，当时双方已经同意加速协商、组建过渡政府，终止敌对状态。① 2016 年 7 月冲突爆发后不久，钟建华大使即访问了肯尼亚、乌干达、埃塞俄比亚等国，同各方深入交换意见，介绍中方立场。非盟、东非政府间发展组织相关会议也邀请中方参加，体现对中方看法的重视。从效果看，南苏丹此次没有像 2013 年那样将冲突迅速演变成全面内战，说明包括中国在内的国际社会的工作还是有成效的。② 2016 年 12 月，中国政府非洲事务特别代表许镜湖女士访问南苏丹，会见了南总统基尔等重要国家领导人，重点就南苏丹局势做劝谈促和工作。许特代表示，中南建交 5 年多来，两国政治互信不断加强，各领域合作进展良好。近来，南苏丹局势出现一些积极迹象，希望南苏丹各方通过对话谈判解

① China Mediates Peace Talks on South Sudan，参考：http：//www.voanews.com/a/china-mediates-peace-talks-on-south-sudan/2595612.html，登录时间：2015 年 1 月 12 日。

② 根据采访中国联合国研究会相关官员，采访时间：2017 年 1 月 5 日。

决分歧，切实执行和平协议，共同推进包容性对话与和平进程，推动南苏丹早日实现和平、稳定与发展。[①]

第二种创造性介入方式是，参与联合国在南苏丹的维和任务。南苏丹独立前，中国先后向联合国苏丹问题特派团和联合国—非盟达尔富尔问题特派团派出了维和部队。南苏丹独立后，成立了联合国南苏丹问题特派团，中国又应联合国的请求派遣了承担协助南苏丹平稳过渡、协助当地警察维护法律秩序、改革和重建执法部门、培训警察等工作的维和警察。2015年4月8日，中国首次派出维和步兵营，就是面向南苏丹任务区的，以增强特派团保护平民的能力。同时，维和士兵还做了很多惠民工作，比如帮助当地民众送水、义诊和组织开垦。[②]

**图67　联合国南苏丹任务区里的中国女兵[③]**

---

① “中国政府非洲事务特别代表许镜湖访问南苏丹”，参考：http：//www. fmprc. gov. cn/web/wjbxw_ 673019/t1425374. shtml，登录时间：2016 年 12 月 20 日。

② 南苏丹中国维和步兵的“特别任务”，http：//news. mod. gov. cn/action/2015—11/27/content_ 4630834. htm，登录时间：2015 年 11 月 27 日。

③ 图片来自尚昌仪。

由于多种原因，特派团与当地民众和政府的关系非常紧张，维和人员在当地展开工作异常困难。[1] 2016 年 7 月朱巴危机，中国维和士兵有两人牺牲而且在践行维和任务时受到责难。10 月 5 日，美国一家非政府组织“冲突平民中心”（Center for Civilians in Conflict）针对朱巴 7 月危机展开了为期 3 个月的实地采访和调查，发布了一份报告。[2] 报告里批评把守 1 号难民营地的维和士兵在受到当地武装人员袭击后弃岗。各大媒体转发了这份报告，[3] 一时间千夫所指，联合国维和特派团成为南苏丹当地民众和整个国际社会批评的对象。11 月 1 日，联合国发布了独立调查报告，[4] 针对整件事给出了官方的调查结论，认为联南特派团在指挥应对过程中确实存在问题，突发事件指挥官未能及时调动联合国维和步兵，导致特派团在暴力冲突中未能有效地按照授权保护当地平民和国际救援

---

① 根据 2016 年 10 月 22 日采访南苏丹总统办公室官员，他说南苏丹政府并不希望联合国进来，因为难民营里面混杂着大量的反对派武装人员，联合国的平民保护任务其实保护了很多反对派武装人员；当地民众本来对联合国期待特别高，希望能够保护所有人，但是维和人员的行动受到授权的限制，不能随便使用武力，所以很多时候保护平民乏力。

② Under Fire：The July 2016 Violence in Juba and UN Response，参考：http：//civiliansinconflict. org/resources/pub/under-fire-the-july-2016-violence-in-juba-and-un-response，登录时间：2016 年 10 月 5 日。

③ 美国福克斯新闻：http：//www. foxbangor. com/national-news/un-peacekeepers-fled-used-tear-gas-on-south-sudan-civilians，登录时间：2016 年 10 月 5 日；英国卫报新闻：https：//www. theguardian. com/world/2016/oct/06/un-peacekeepers-refused-to-help-south-sudan-rebels-raped-aid-workers-report，登录时间：2016 年 10 月 6 日。

④ Executive Summary of the Independent Special Investigation into the violence which occurred in Juba in 2016 and UNMISS response，参考：http：//www. un. org/News/dh/infocus/sudan/Public _ Executive _ Summary _ on _ the _ Special _ Investigation_ Report_ 1_ Nov_ 2016. pdf，登录时间：2016 年 11 月 1 日。

人员。

第三种创造性介入方式是，向南苏丹提供经济帮助，以援助和投资的方式推动南苏丹内部冲突的解决。石油的地理分布是南苏丹族群冲突的重要促成因素：丁卡族主导国家政权，但是石油产区主要集中在努尔族聚居区，政治权力和石油资源的错位导致族群冲突。为了促进当地经济发展和社会福祉，中国对南苏丹的援助由来已久。卫生上，中国给朱巴教育医院援助3300万美元，用于修建和扩大妇产科和急诊室；[①] 教育上，中国援建的亚帕学校总建筑面积达1700余平方米，含教学用房、行政办公楼、操场、宿舍及附属用房，配备较为先进的教学设备和器材，可容纳500名学生；[②] 还在瓦乌市援建了当地第一处汽车站。[③]

从各方反应来看，中国在政治和经济上的创造性介入受到欢迎，这呼应了王逸舟教授所言，“中国的介入更多地是外交斡旋、经济帮助，而不是军事优先，更不是武力镇压”。[④]

---

① China Pledges ＄33 Million to Improve South Sudan Health Care，参考：http：//www. voanews. com/a/south-sudan-china-health-funding-women-children/2587598. html，登录时间：2014年5月27日。

② “中国政府援建南苏丹学校举行交接仪式”，参考：http：//www. fmprc. gov. cn/web/zwbd_ 673032/gzhd_ 673042/t1326571. shtml，登录时间：2015年12月22日。

③ “中国维和部队为南苏丹第二大城市援建首座汽车站”，参考：http：//ss. china-embassy. org/chn/smfyw/t1018315. htm，登录时间：2013年3月4日。

④ 章迪禹、王逸舟：“中国是否应该加强介入国际事务”，《世界知识》2012年第2期。

# 铸剑为犁，建设和平

和平赤字、发展赤字、治理赤字，是摆在全人类面前的严峻挑战，这是我一直思考的问题。

——习近平主席在“一带一路”国际合作高峰论坛开幕式上的演讲①

说起和平卫士，你会想到谁？在大部分人的印象里，我们首先想到的应该是荷枪实弹的军人，是保家卫国的解放军叔叔，是维护世界和平的蓝盔部队，这些武装人员保护着我们的安全。比如在冲突持续的南苏丹，安全情况非常恶劣，尤其是妇女遭到强暴和攻击的事件屡见不鲜。联合国维和特派团有将近1万人规模的成建制部队，负责保护难民营里平民的安全，重点是保护其中的妇女和儿童。

与此同时，我还看到了另一些和平力量。比如一个国际非

① 参考：http：//news. xinhuanet. com/2017—05/14/c_ 1120969677. htm，登录时间：2017年11月27日。

政府组织“非暴力和平力”（Nonviolent Peaceforce），招募和培训没有武装的平民，让他们陪同当地妇女一起外出打水、觅食等，对暴力分子形成了有效威慑，单单通过陪同的方式就保护了很多妇女免受暴力攻击，非常了不起。“陪同保护”项目非常成功，在南苏丹已经招到2000多平民做“陪同保镖”的工作，这个保护措施也推广到哥伦比亚等冲突地区。更重要的是，平民参与和平行动传递出了一个重要理念：军事行动不是维护和平的唯一路径，没有武装的民事人员同样可以通过智慧提出方案，铸剑为犁，建设和平。

**图68　南苏丹难民营的“陪同保护”①**

## 什么是建设和平

这要从人们对和平的认识说起。早期人们认为战争是一种

---

①　图片来源：“非暴力和平”官方网站：http：//www.nonviolentpeaceforce.org，登录时间：2017年2月20日。

常态，和平是战争的间歇，是一种“消极和平”。具体做法就是联合国通过调停、斡旋甚至动用武力等方式缔造和平，最终让冲突各方签署和平条约。紧接着，联合国还要监督和平条约的落实情况，于是就有了维持和平的任务，主要是监督停火、维持安全的工作。建立“消极和平”的过程中，武装军事的介入具有重要作用。

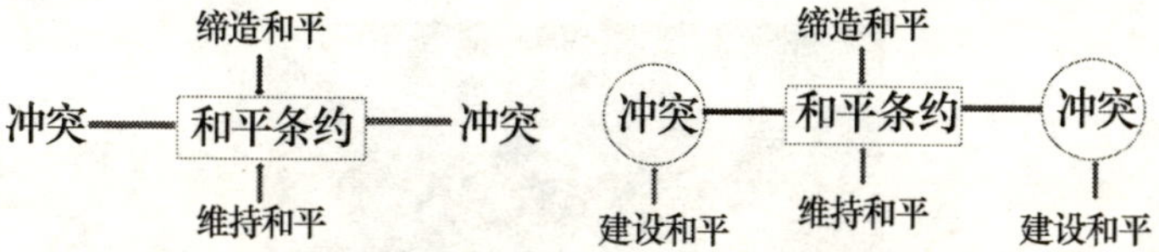


**图 69　消极和平与积极和平**

可是，很多时候和平条约苍白如一纸文书，经常是签署不久就又陷入冲突。究其原因，“消极和平”只是制止了冲突，并未真正解决冲突。为了建立可持续的和平，要有“积极和平”的理念：从根源上解决冲突，恢复冲突后地区的秩序和发展；从正面建设和平，促成个人的安全，甚至免除像贫穷、人权、不公正的对待这样结构性的暴力。这些都需要观念、制度、能力上的建构。

## 联合国的建设和平框架

联合国里最早提出“建设和平”概念的是前秘书长加利，他在 1992 年的《和平纲领》里讲道：冲突后建设和平，是为了避免再次陷入冲突，巩固和加强和平框架的一种行动。[1] 2000年，联合国发布了卜拉希米报告，[2] 这是对于联合国和平行动的首个全面审查报告，具有里程碑意义。报告中说，联合国和平行动是个“一揽子计划”，包括缔造和平、维持和平、建设和平，从而正式确认了建设和平在联合国和平行动中的一席之地。

**图70　联合国成立60周年纪念图**[3]

① Boutros Ghali, An Agenda for Peace, A/47/277 – S/24111, 17 June 1992.

② Report of the Panel on United Nations Peace Operations, A/55/305 – S/2000/809, 21 August 2000.

③ 图片来源：http：//www. graphis. com/entry/007b63e4 – 8603 – 4c76 – 8e8e – 08750db1c561/，登录时间：2017年2月24日。

不过，当时联合国和国际社会并没有特别重视建设和平的路径。前秘书长安南认为，国际社会对于冲突热点的关注就像媒体的“头条效应”，某个地区出现了暴力冲突，大家只是关注那几天，而冲突后中长期的建设和平工作并没有落实单位。在其积极敦促下，2005 年联合国成立了建设和平的“三驾马车”——建设和平委员会、建设和平基金、建设和平支助办公室，通过常设的机制来帮助冲突国家一步步建设可持续和平的制度和能力。具体落实工作中，联合国系统内各大机构互相协调，提出了“集体行动方案”。

2015 年，联合国出台了建设和平的审查报告，① 指出不仅要在冲突过后再补救，更要通过建设和平的方式预防冲突。报告里详细列出了建设和平的具体工作如下：

| |
|---|
| 宪政改革/建立、司法改革、法治、民主选举 |
| 安全部门改革（Security Sector Reform，SSR） |
| 解除武装、复员和重返社会（Disarmament，Demobilization，Reintegration DDR） |
| 国际战争罪法庭、真相与和解委员会 |
| 社会与经济建设，包括不限于：排雷，基础设施建设（交通、水、卫生、教育、住房），遣返和安置难民，创造就业等 |





概括起来，建设和平的工作主要包括两部分，其一是建立政治、法律、安全等领域的制度框架，其二是恢复社会和经济的发展。这两部分工作是紧密联系的，通过这些能力建设，让

① The Challenge of Sustaining Peace：Report of the Advisory Group of Experts for the 2015 Review of the UN Peacebuilding Architecture，A/69/968 - S/2015/490，30 June 2015.

当地人过上安全、有尊严的生活。

## 谁来建设和平



我想，大部分项目的贡献者只有两类，一个是出资，一个是出力。建设和平的资方有联合国、世界银行等国际组织，以及国家政府、国际性的基金会等；负责具体落实的是这样一群人，他们在动荡的地区协助当地人重返安定。他们可能隶属于联合国维和特派团，帮助当地建立司法系统、监督选举、安全部门改革等，也可能跟世界粮食计划署（WFP）一起提供救济粮，可能协助儿基会（UNICEF）关注教育和儿童健康，可能在难民署（UNHCR）协助遣返和安置当地的难民，还有可能他们在你叫不出名字的国际非政府组织中默默工作。这些人，肤色不同，但有相同的和平承诺——通过非军事武装的路径建设可持续的和平。他们有一个共同的名字，叫国际建设和平工作者（Global Peacebuilders）或者国际建和工作者。

2017 年初，我参加了联合国志愿人员组织（UNV）主办的国际建设和平者能力建设培训，认识了一些这样满腹勇气和智慧的建和工作者，他们的故事深深触动了我。

摩西来自塞拉利昂，2000 年塞政府与反对军革命联合阵线签订停火协议，那年他 16 岁，奔走全国，呼请解除儿童兵的武装及复员，最终有 2 万多名儿童重返社会生活。还有丘母在安哥拉协助排雷工作，鲍勃在利比里亚为国家安全部门改革提供建议，罗伯特作为通信技术专家给东帝汶总统做顾问，芝为她越南家乡孩子们的教育四处筹资……

图 71　国际建设和平者能力培训班成员，
从左到右依次来自安哥拉、中国、约旦、利比里亚、
巴基斯坦、塞拉利昂、东帝汶、越南、也门

## 建设和平的生命周期

建设和平绝对不是一朝一夕之事，它是一个中长期的过程，要持续数年甚至数十年。联合国前秘书长安南曾评价，联合国的建设和平一定要有“战略性”，手段和目标要匹配（matching means to ends）。[1] 这个“战略性”要体现在建设和平生命周期的每个阶段，从分析到决策，从执行到后续的评估与监督工作。

① Report of the Secretary-General：No Exit without Strategy：Security Council Decision-Making and the Closure of Transitional of United Nations Peacekeeping Operations，S/2001/394，20 April 2001.

**图 72　建设和平生命周期**

## （一）分析阶段：如何做“情报”工作

建设和平的目的是希望能解决冲突，而只有找到了冲突的根本原因，才能有效地决策和计划，所以对现状的分析至关重要。比如联合国有一个专门针对和平行动特派团的联合分析中心（Joint Mission Analysis Center，JMAC），为每个特派团提供当地情况分析，为特派团的计划和决策提供建议，是特派团的“中央情报局”。不过联合国不能公开使用“情报中心”这样的词，因为“情报”在人们的刻板印象中总是与颠覆政权联系在一起。相比一些国家强大的情报部门，联合国所能收集的信息是非常有限的，所以自称为信息也是恰当的。

信息和数据有很多，如何进行分析呢？在联合国索马里援助团 JMAC 工作的主管说，建设和平的分析工作要掌握两个原则：相关性和真实性。相关性是说，根据收集信息的目标来裁减信息，那么相同的信息，如果目的不同，分析结果也是不同的；真实性是说，要确保信息的真实和准确，一般相同的信息要有至少两个信息源来核实。在此我列举 3 个简单又实用的分析工具，帮助我们厘清建设和平项目的目标、资源和利益攸关者。

工具一：问题树

树干是需要解决的问题，树根是问题的根源，树叶是被问题影响的结果。问题树用一种生动的形式呈现出问题现状，根源和影响都不是单一的，利用这种形式可以呈现和厘清复杂的现状。进一步解决方案，就是在问题树上发展起来的：树干就转化成建和项目的目标，树根对应项目的具体活动，树叶对应项目的中长期的产出。

**图 73　培训中作者跟组员一起绘制了联合国儿基会在南苏丹降低儿童文盲率的现状分析**

工具二：关系图

建设和平是一个过程，有很多行为体参与其中，利益攸关者（stakeholder）是所有可以施加或受到影响的参与者，包括当地民众、当地政府、联合国等国际政府间组织、国际非政府组织、商业群体（资方）等等。画出这些利益攸关者之间的关系图，同盟、友好、敌对、模糊的关系分别用双实线、单实线、浪线、虚线标出，可以帮助我们了解现状和冲突进程，也能呈现潜在的结果。

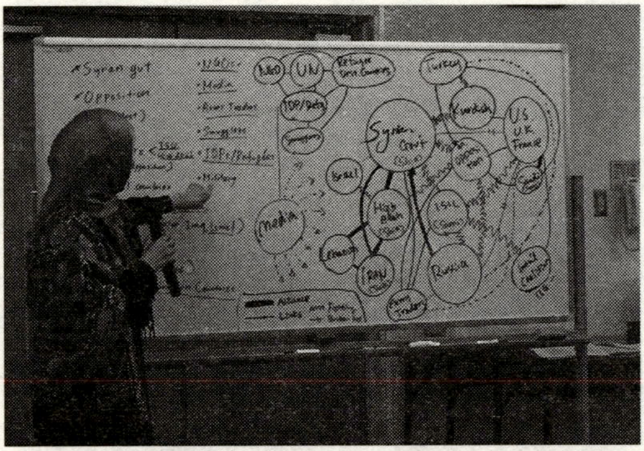


图 74　来自也门的阿法汗在讲解她画的叙利亚局势关系图

工具三：洋葱模型

洋葱层层剥离，从外到里依次看到利益攸关方的立场、利益、需求，立场是我们公开看到的或者听到的，背后是他们的利益，最核心的是利益背后的需求。通过分析每个利益攸关方的驱动力，了解他们的需求，就能帮助我们把众多行为体的合作意愿进行排序，然后去跟最有意愿合作的行为体接洽。

### （二）计划阶段：仰望星空，脚踏实地

计划其实就是提前考虑，计划书就像一个“敲门砖”，是一切的起点。拿着计划书（包括预算内容）就可以去跟利益攸关方接洽，跟他们沟通和协调，根据反馈再修改计划。计划能够让所有人清楚目标和路径，明确责任，同时做好应对风险的防范方案。好的计划一般是兼顾理想与现实，可谓“仰望星空又脚踏实地”。经过多年在建设和平领域的实践，制订计划的原则也出现了一些改变：

变化一：从资源导向到结果导向

过去人们对建设和平的认识度低，资金动员并不容易，所以计划书中都侧重强调项目能收到哪些资源和投入（input），只有预算充裕了，才可能把计划落到实处。但是，最近几年国际社会认识到建设和平结果的重要性，投入比较大，人们更注重项目能带来哪些产出（output）和活动（activity）、成果（outcome）和影响（impact）。



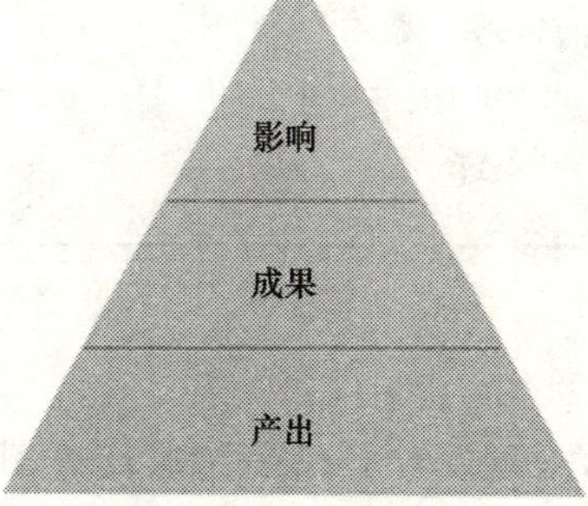


图 75　结构图

这几个词我也是研究了很久才搞明白区别，具体说来：产出和活动一般包括产品、服务、报告等，非常具体；成果是中长期的变化，比如态度转变、能力提升、新的标准和规范、新的机构和制度等；影响则是更加深远和抽象的对人们生活的重大改变。比如2012年这份联合国建设和平基金的项目文件如下：

项目名称：有关协助落实塞拉利昂补贴项目

执行单位：国际移民组织

项目影响：经济复兴并产出和平红利（建设和平委员会优先领域Ⅲ）

项目成果1：协助国家社会行动委员会分发补贴

- 具体活动：为委员会提供后勤和行政支持

项目成果2：审查和分析已注册的受助人，确保分发项目顺利

- 具体活动：数据分析

项目成果3：受助人顺利收到补贴，增强委员会管理能力

- 具体活动：培训委员会工作人员进行补贴的分发和监管；促成委员会和银行签署备忘录，保证临时资金和小型贷款

项目落实；分发临时现金补贴

项目成果4：国际银民组织监督项目执行

- 具体活动：本组织主持与委员会每月例行会议，委员会汇报项目进展；到受助者社区访问和监督

变化二：从项目优先到以人为本

2015年，联合国发布了有关维和行动、建设和平以及妇女和平与安全三个全面审查报告，其中都不约而同地指出和平行动必须“以人为本”，注重当地人的参与性，切实给当

地人带去福祉。和平行动中确实存在“憋在办公室里想出来的计划”，需要在行动和落实计划的过程中不断修正计划。比如在冲突后的地区组织战时军人解除武装、复员和重返社会（DDR）的工作，过去在制订计划时比较简单粗暴，就是让军人进行登记注册、收缴其武器、发放一些补贴，但是很多人复员后很难融入社区，所以他们可能重操旧业。后来第二代的 DDR 项目进行了修正，注重提高社区接纳复员人员的意愿和能力，会给社区一定补贴，创造一些岗位给复员的人，在社区宣传并营造接纳复员人员的友好气氛，做到了“以人为本”。

“没有当地人的主动参与，任何国际援助都是徒劳的。”谷川祐弘（Sukehiro Hasegawa）先生反复强调这点。他在联合国系统工作 37 年，曾作为前联合国东帝汶特派团秘书长特使领导当地建设和平工作，他的长期观察是深刻的。“以人为本”就是指在制订计划时，最大程度地发挥当地人的主观能动性。很典型的一个例子是建立预警系统（Early Warning），在冲突发生前起到预防的作用。以前联合国主要依赖学界或者智库的信息，利用外部的观察建立预警系统，因为联合国不能介入一国内务，但是这种预警系统常常出错。后来在尼日利亚和塞拉利昂的联合国开发署另辟蹊径，资助当地人建立起“前线短信台”，如果有紧急情况发生，就给这个号码发信息汇报情况，效果比之前好了一些。

图 76　作者与谷川祐弘先生合影

### （三）落实阶段：集体行动，多方注意

建设和平工作涉及制度和经济建设的方方面面，不同的机构有各自的专长。如果各自为政，相同机构很可能做了重叠的工作，而有些真正需要帮助的群体却没有得到关注。可见，协调工作是核心，要保障“一个都不能落下，一个也不要重叠”。联合国想出来一个团队合作的办法，叫“集体行动方案”（Cluster Approach）。注意这里的团队合作不是强调集体主义或合作主义，而是要让团队里每个人最大程度发挥自己的相对优势，从而让团队的执行力达到最大。

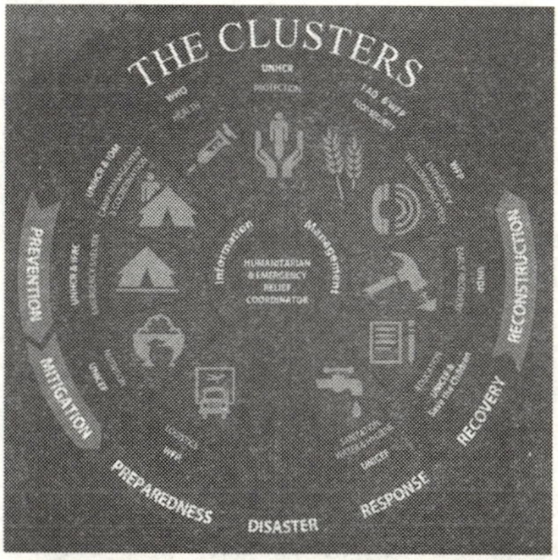


**图 77　联合国“集体行动方案”①**

联合国系统的每个机构找到自己最擅长的领域，领导和协调这些领域的工作。就像我们上学的时候每门课程都有个课代表，一般都是这门课学得不错的同学，他来负责协调这门课的相关活动。建设和平课程的“课代表”也有不少，比如世界粮食署主导通信、运输等后勤工作，儿基会领导教育、水与卫生、营养领域，世界卫生组织管理疾病与卫生工作，难民署和国际移民组织主持庇护所营地的管理和协调工作。“课代表”选出来之后，会分别与当地政府、其他的联合国机构、市民社会进行沟通，共同上好“建设和平”这门课。

在日常工作中，协调是核心，所以沟通极其重要。沟通不仅是倾听和表达，更关键的是理解。建设和平的工作环境非常

① 图片来源：人道主义协调厅网站，https：//www. unocha. org/legacy/what-we-do/coordination-tools/cluster-coordination，登录时间：2017 年 3 月 1 日。

复杂，经常要面对不同文化背景的沟通对象，因此不仅要倾听，还要反复确认和核实对方的表意，以避免信息在传递过程中发生误读。否则一个小小的失误，就可能把你的工作伙伴置于危险之中。

作为一个建和工作者，还需要拥有“打破常规”的勇气。尽管有很多已经成型的指导手册，但是在紧急情况发生之时，要有勇气突破这些常规，做自己认为对的事情。比如《人道主义救援手册》规定了提供救援的基本标准：粮食安全和基本营养，帐篷、住所和非食物用品，健康安排，水资源与卫生，但是如果临时没法采购到足够的帐篷安置民众，也可以寻找并利用附近的废弃民宅做过渡。当然，这些“打破常规”并不是无所顾忌的，而是基于多年工作经验的正确判断。

此外，建设和平工作的“无害介入”（Do No Harm）尤为关键。作为外来的国际工作者，在冲突环境中工作，自然也成为冲突环境的一部分，其行动肯定会对当地产生影响，有时难免会出现“好心办坏事”的情况。比如我的同事尤先生跟我讲，他在菲律宾的一个国际非政府组织做项目，给当地一个村庄提供救助和渔业知识培训，临近村庄的人跑过来跟他抱怨为什么不援助他们，邻村人到受援村偷抢东西，引起了两个村庄的矛盾。还有一个例子是联合国维和人员给海地带去了霍乱疾病，并且未能有效控制，导致近 9000 名当地人感染疾病，不过后来联合国宣布承担责任并实施 2 亿美元援助方案。“无害介入”是一种警觉性，建和工作者要时时刻刻警惕自己可能给当地带去的影响，要避免卷入冲突或引发新的问题。

**图 78　海地民众在联合国维和特派团**
**外面抗议维和人员带去了霍乱①**

建设和平从分析、计划到落实，其实这个生命周期还没有结束，建设和平团队还要考虑最终如何撤出并留给当地一个可以继续发展的环境。多年前，我在联合国开发署实习，之前一直以为开发署的宗旨就是经济发展，后来我才知道，他们的任务不仅是促进各国经济发展，更重要的是要加强经济发展的能力，所谓"授人以鱼，不如授人以渔"。建设和平的工作也是这样的能力建设过程，目的是让当地人过上有尊严的生活。





① 图片来源：http：//www. globalresearch. ca/minustah-haiti-under-military-occupation/26051，登录时间：2017 年 9 月 16 日。

# 跻身“联合国研究圈”

随着联合国地位与作用日益受到重视，中国的国际地位日益提高，中国需要更好地了解联合国，国际社会也需要更多地了解中国的联合国外交。因此，中国的联合国研究任重道远。

——联合国研究专家、外交学院教授郑启荣①

联合国系统包括众多专门机构和附属机构，领域涉猎广泛。我在联合国总部实习时，能看到各种主题的会议，比如空间地理信息大会、发展峰会、“人道主义日”大会等等。可见，“联合国研究”作为一个研究领域，也包含了对联合国不同机构和不同议题的研究。例如，联合国涉及工业、农业、发展、贸易等领域的机构和议题是经济学家关心的问题，联合国教科文组织的活动是教育、卫生、医疗相关学科研究的对象。

① 郑启荣：《联合国研究在中国：回顾与思考》，《外交学院学报》2002 年第 2 期，第 22 页。

许多学科都可将联合国作为自己的研究对象，这也使联合国研究具有了多学科、跨学科的特点。

作为第二次世界大战后国际关系的一个重要产物，当国际关系和国际政治学逐渐发展壮大后，联合国研究自然成为国际关系学科的一个重要领域。在联合国和《联合国宪章》的创建过程中，国际法学界发挥了很大的作用，联合国本身也是国际法发展历史上的一个里程牌。在这里，我着重探讨一下国际关系视域下的“联合国研究圈”。

## “圈里”研究什么

有学者把“联合国研究”的内容分成三类：理论、政策、方案，[①] 分别是从国际关系理论研究联合国问题、从各国外交政策看联合国、从联合国不同机构和议题进行探讨。

### （一）理论

几乎所有国际关系理论大师的作品中，都有过对联合国性质和作用的论述，比如联合国是一个什么性质的组织、在国际关系和世界政治中扮演何种角色、联合国究竟能够发挥何种作用或应该发挥何种作用，等等。理论大师们对这些问题有不同答案，产生了争鸣，也形成了不同学派。这些问题是国际关系学界研究的重点内容，对这些问题的不同回答也是划分不同学派的主要依据。经典“现实主义”大师摩根索（Hans

① 李东燕：《联合国研究60年：理论、政策、方案》，《世界经济与政治》2005年第5期，第14—19页。

Morgenthau）和克劳德（Inis Claude）指出现实中的联合国与《联合国宪章》中的“联合国”相去甚远，现实中的联合国仍然是一个建立在大国“权力均衡”基础上的国际组织。后来，人们看到了联合国在经济、社会、发展领域的作用与职能，以米特兰尼（David Mitrany）为代表的“功能主义”学者认为，如果联合国在“功能性”领域能超越国家疆界为全世界人民服务，就会导致对这些机构超越国家的效忠。随着冷战结束和全球问题的突出，20 世纪 90 年代以来的“世界主义”学者更多地将联合国与全球治理联系在一起。与此同时，联合国研究也体现了“建构主义”学人的贡献，费丽莫（Martha Finnemore）等学者发现国际组织的规范作用对国家的影响力越来越大。

**（二）政策**

这是联合国会员国层面的研究。这类研究侧重会员国与联合国之间的关系以及会员国对联合国的外交政策和立场。联合国常任理事国及西方发达国家对这方面的研究尤为重视，这与这些国家在联合国中的地位和影响密切相关，也与西方政治文化和组织文化对联合国的影响有关。在美国，国会和政府对联合国外交决策背景资料的需求推动了美国的联合国政策研究。从 1946 年起，美国总统和国务院开始向国会提交关于“美国与联合国”及“美国参与联合国”的年度报告，国会也举办相关的辩论听证会。“联合国与美国”可谓美国联合国研究中经久不衰的重点话题。比如针对联合国改革，2005 年美国国会通过了一项近 50 页的“2005 联合国改革法案”，对未来联合国改革提出了一系列“美国建议”。在联合国首脑会议前，针对会议最后文件草案，当时的美国常任联合国代表提出了750条修改意见，逐条地对草案进行谈判，去掉那些美国不喜欢的条款，同时强调加强打击恐怖主义、防止武器扩散等美国关注的问题。①

**（三）方案**

这类研究有两个层面。一个是联合国组织体系层面的研究，涉及联合国各个主要机构和相关机构的职能、作用、相互关系、组织战略、组织文化及变革方案等，也可称之为“联合国体系研究”。例如西尼·贝利（Sydney Bailey）从上个世纪60年代起，对联合国各主要机构分别进行了研究，出版了有关联合国大会、秘书处、安理会等机构程序和实践方面的系列成果。此外，作为一个联系广泛、综合庞杂的国际组织，对联合国与其他国际行为体之间关系的研究也可划归这一部分，如联合国与区域组织、联合国与非政府组织和民间社会，以及联合国与企业和私人部门等。另一个是联合国专门机构涉及的议题研究。国际关系和国际法学科下，关注比较多的议题有维和建和、选举援助、气候变化、反恐、南南合作、人道主义干预等。





## 哪些国家“圈子”硬②

从联合国研究的起步和发展看，西方国家显然占据主导地

---

① Colum Lynch, “U. S. Wants Changes In U. N. Agreement,” *Washington Post*, August 25, 2005.

② 2017年1月，作者多次对中国社会科学院世界经济与政治研究所研究员李东燕进行采访，感谢李老师的慷慨分享。

位。从联合国创建过程开始，联合国除受到大国权力博弈的影响外，也受到西方主导的政治文化和组织文化的影响。西方发达国家在国际关系、国际组织、国际法等相关学科的教学与研究上具有优势。

作为二战后崛起的超级大国，美国的联合国研究具有其独特之处。如前面提到，在美国的联合国研究中，关于美国与联合国关系方面的研究地位突出。有关美国与联合国各机构的关系、联合国对美国利益的影响、美国公众对联合国的态度、联合国与美国国会等方面的研究，构成美国联合国研究的一大特点。2010 年 12 月，美国对外关系委员会提出了一份长达 70 多页的“专门报告”，题目是“联合国安理会扩大与美国国家利益”。作为该委员会“国际制度与全球治理”项目的成果，该报告分析了安理会扩大与美国未来全球利益的关系，就美国对安理会扩大的立场、观点和具体步骤提出了对策建议。[①] 外交需求对美国智库联合国研究的导向显而易见，卡内基国际和平基金会及传统基金会等一直支持这方面的研究。

欧洲和加拿大等西方国家的联合国研究也非常活跃。与美国相比，欧洲的联合国研究更重视如何加强联合国的作用和如何改革联合国。如何加强联合国在冲突解决、人道主义干预和国际法方面的作用，是欧洲国家联合国研究的重点内容。自联合国成立以来，加拿大政府提出了许多有影响的建议和方案，比如加拿大提出“保护责任”的规范。[②] 加拿大在联合国研究

---

① Council on Foreign Relations, *UN Security Council Enlargement and U. S. Interests*, Washington D. C. , 2010.

② Canada and the United Nations, http://www.dfait-maeci.gc.ca/canada_un, 登录时间：2017 年 9 月 1 日。

方面的贡献扩大了其国际影响，也使加拿大在“重塑联合国”上的作用受到关注。①

日本一直重视与联合国的关系和对联合国的研究，希望通过联合国回归正常国家并在国际舞台上发挥更大作用。联合国在发展、人道主义援助、自然灾害预防、能源与环境等领域的作用，以及日本对联合国发展援助、维持和平与建设和平行动的参与，是日本联合国研究关注的重要领域。2011 年 7 月，日本一个政府部门间研究小组发表了一份关于扩大日本参与联合国维和行动的“中期报告”，报告论证了进一步扩大日本不同部门参与联合国和平行动的必要性，并提出了相关的政策建议。②

发达国家的联合国研究在学术上做出了自己的贡献，也为联合国的改革与发展提出过积极的建议，但同时也存在西方组织文化和政治文化的偏见与局限性。作为一个全球性国际组织，当今的联合国与建立之初已大不一样，覆盖了全球不同文化背景和发展阶段的会员国，联合国研究也应更多体现文化的多样性，尤其是发展中国家的联合国研究应该得到重视。非洲国家不仅是维和行动的主要派遣国，也是联合国最大的维和建和任务所在地区，但目前对联合国在非洲维和建设方面的研究仍然主要来自欧美国家。在这方面，非洲本土学者的话语和相关研究显然应该得到重视，中国也应进一步加强对联合国与非

① Nancy Gordon and Bernard Wood, “Canada and Reshaping of the United Nations,” *International Journal*, No. 47, Summer 1992, pp. 479 – 503.

② 参见 Interim Report of the Study group on Japan’s Engagement in UN Peacekeeping Operations, http//www. pko. go. jp/pko_ e/infor/20110711_ report. pdf, 登录时间：2017 年 9 月 1 日。

洲关系的研究。作为一个崛起的发展中大国，中国的联合国研究更应做出自己的贡献，一方面是学术上的贡献，另一方面是为加强和改革联合国做出政策与方案上的贡献。

## 联合国研究在中国的发展

一般来讲，一国的联合国研究与其联合国外交实践密切相关。中国参与联合国比较迟，相应地，国内的联合国研究起步也比较晚。1971 年，新中国恢复在联合国的合法席位，这也是中国联合国研究的起点。早期的成果主要是翻译外国材料，比如商务印书馆 1972 年出版的《联合国手册（第八版）》《联合国与裁军》，还有翻译外国经典著作。20 世纪 80 年代改革开放以来，中国最早着手研究联合国的学者，是以王铁崖、赵理海为代表的国际法专家或以符浩、谢启美为代表的第一批驻联合国外交家。比如原北京大学法学院教授、曾任国际海洋法法庭法官的赵理海于 1981 年出版了《联合国宪章的修改问题》一书，在当时颇具影响力，国际法学者走在了国际政治学者的前面。总的来看，这一时期的绝大部分作品还是普及型、资料型及简析型成果。

20 世纪 90 年代开始，冷战结束，世界格局发生巨大变化。中国对时代性质和联合国的认识发生了变化，我们参与联合国外交也随之发生了变化，不是建立反霸战线，而是奉行独立自主的和平外交政策，与世界各国发展友好合作关系，遵循“韬光养晦，有所作为”的策略。这一时期，我们开始参与联合国在发展和维和等领域的国际合作，中国的联合国研究也才真正发展起来，1995 年、2005 年、2015 年又恰逢联合国周年纪念，“联合国研究热潮”被带了起来。

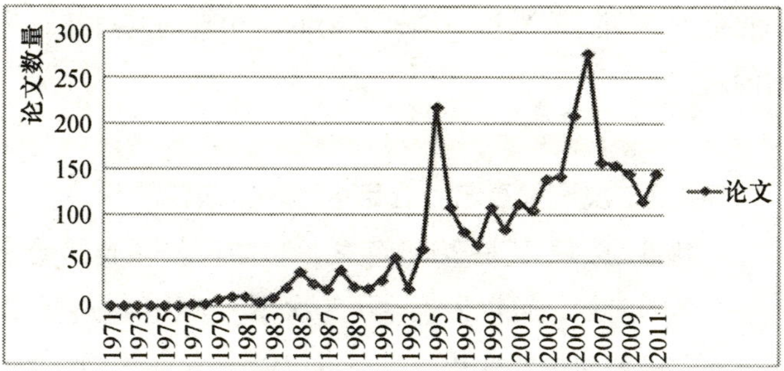


**图 79　国内联合国研究论文年度分布图**①

## （一）第一次研究高潮：国关视角、议题拓宽

进入 20 世纪 90 年代，国际关系学界形成了自己的联合国研究队伍，改变了国际法学界和外交官唱主角的局面，北京语言大学、北京大学、外交学院等高校的联合国研究逐渐发展起来。研究内容上，既有“大部头”“大格局”“大历史”及“教科书”类型的研究，也关切到更加细致、具体和微观的议题，联合国与国际新秩序、联合国改革、维和、主权与人权问题、联合国与环境和发展问题等成为中国联合国研究的主要内容。陈鲁直大使和李铁城老师主编的《联合国与世界秩序》与钱文荣主编的《联合国机制与改革》两本论文集，汇集了当时中国联合国研究的主要成果。北京语言大学李铁城等教授

① 图片来源：《钻坚仰高四十年——对中国联合国研究的一项调研》。孟文婷等：《钻坚仰高四十年——对中国联合国研究的一项调研》，《联合国研究（第二辑）》，世界知识出版社 2013 年版，第 208 页。

是最早且一直专注于联合国研究领域的学者，外交学院郑启荣教授等学者从20世纪90年代初开始对联合国维和行动进行研究，北京大学张海滨教授等则开始对联合国环境与可持续发展问题的研究。

**（二）第二次研究高潮：立足中国，方法创新**

进入新世纪，尤其是2008年之后，中国的联合国研究也进入一个新的时期，可以说发生了一次飞跃。中国的崛起以及中国全球角色和地位的变化，是新世纪以来推动中国联合国研究发生变化的根本原因。这时期，探讨中国与联合国互动及身份定位的研究很多，纯粹探讨联合国本身的很少，一般都是中国参与联合国某个问题的分析和政策建议，比如关于联合国公务员制度、选举援助、保护的责任等问题的研究陆续出现。在研究方法上，超越了先前联合国研究以平直的历史和现实事件分析为主的简单粗糙，学者开始运用不同的理论范式和创新的研究方法，比如量化分析、访谈、实地考察、问卷调查等。比如聂军在《冲突中的守望》一书中试图建立一套评价维和行动成败的标准体系。

**（三）第三次研究高潮：主场意识，队伍壮大**

近几年来，中国以积极、主动的姿态参与全球治理，支持联合国在全球治理中发挥重要作用，提出“一带一路”和“命运共同体”倡议。2015年习近平主席在联大会议期间宣布支持联合国事业的各项承诺，从2016年起中国对联合国常规会费和维和摊款缴纳位列第三和第二位，派出联合国维和人员在五常中最多，提供越来越多的财力和人力。这方面的外交需求带动了学界对联合国与全球治理的相关研究。现阶段的研究不仅“中国特色”凸显，而且主角意识显露。学术论文和智库研究热议中国的“大国责任”“大国贡献”“大国担当”，以及中国的“智力输出”“理念塑造”“创造性介入”和“引领作用”。比如中国维和警察培训中心副教授何银提出中国区别于西方“自由和平”的建和新理念——“发展和平”，而且经常发表英文成果，让中国声音在国际舞台上传播。从研究队伍来看，经过多年的发展，联合国研究人员有了新生一代，他们在专业基础、外语能力、国际交流能力方面都具有优势。中国也意识到应该建立中国特色的“旋转门”机制，培养出更多既熟悉联合国机构、具有外交实践经验，同时又具有国际学术研究能力的复合型研究人员。

## 跻身联合国研究圈

2011 年，我第一次采访中国社科院的李东燕老师，她说“联合国研究一直是个小圈子”。2016 年底，我以《国际政治研究》特约记者身份再次采访她，老师评价道：“80 后”的成熟，“90 后”的成长，使中国联合国研究后劲十足。越来越多的年轻人加入联合国与全球治理相关问题的讨论中，涌现出很多硕士和博士论文。如何加入他们呢？首先应了解一下国内的“联合国研究圈”。从地域上看，联合国研究圈发迹于北京，发展到上海，再到全国“多点开花”。

20 世纪 90 年代，北京语言大学、中国人民大学、外交学院、北京大学相继成立了联合国或国际组织研究中心，侧重各有不同。北语有李铁城、贾烈英老师的带领，关注联合国在国际政治中的作用，是“大格局”的探讨，侧重联合国历史与机制的系统研究；人大由蒲俜老师牵头，她关注中国与联合国的互动，在环境、人权等领域都有涉猎；外交学院的郑启荣老师德高望重，他延续外交学院在国际规范、建构主义视角的思考，侧重联合国与公共外交、非政府组织的讨论，而且外交学院还是联合国资料的托管中心；北大的张海滨老师在联合国环境治理方面很有建树，王逸舟老师也一直关注联合国与中国外交的问题。

进入 21 世纪，北京外国语大学也成立了“联合国与国际组织研究中心”，举办了很多鼓励青年人参与联合国事务的活动，比如访问日内瓦、知识竞赛等，中心的刘铁娃老师长期关注联合国维和、保护的责任等问题。上海的复旦大学联合国与国际组织研究中心、上海联合国研究会也相继成立，两者互动密切，主要由复旦大学张贵洪老师主持工作。中心已经出版了十余本联合国研究方面的著作，包括《联合国发展报告》《联合国强大，世界更美好》《全球治理中的中国与联合国》等。研究会每年举办联合国研究青年论坛，极大地鼓励和促进了“圈内”青年人的交流。

最近，重庆的四川外国语大学成立了“联合国与可持续发展问题研究中心”，西安的西北工业大学外国语学院成立了“联合国研究与教学中心”，标志着中国联合国研究队伍的扩大，以及国内联合国研究机构横向联系的加强。这些联合国研究机构“多点开花”，研究资源逐渐丰富，有越来越多的年轻人投身到联合国研究的事业中去，未来前景十分广阔。

**推介成果：联合国研究丛书**

国内联合国研究的成果很丰富而且集中在联合国与中国重大事件前后，研究呈现出阶段性，缺乏整体性、基础性的深入探讨。但是，我也看到一套珍贵的联合国研究丛书，在尝试带来联合国研究的连续性。这套丛书由复旦大学联合国与国际组织中心出品，由中心主任张贵洪教授主持。从2010年至今，每年保持一到两本联合国研究作品出版，收录了当年主题论坛论文或国际会议的发言稿，成果涉及发展、文明对话、南南合作、中国与联合国等多个议题。每本书均呈现出国内外联合国研究者、实务人员的洞见，视角多样，观点具有新意。我曾经供稿给《联合国研究》《全球治理中的中国与联合国》两本书，参与过一些书的编写工作，深感写作不易，由衷敬佩张贵洪老师数年如一日的坚持，为中国联合国研究的学科建设贡献力量。

复旦联合国研究丛书

➢ 张贵洪主编：《联合国秘书长》，时事出版社2010年版。

➢ 张贵洪主编：《联合国发展报告2012》，时事出版社2013年版；《联合国发展报告2013—2014》，时事出版社2015年版。此系教育部哲学社会科学发展报告项目。

➢ 张贵洪等主编：《联合国与文明对话》，时事出版社2013年版。收录2012年11月29—30日，“联合国文明联盟亚洲南太平洋磋商会议”的国际会议主题发言。

➢ 张贵洪等主编：《中国、联合国与全球治理》，时事出版社2014年版。收录2014年1月13—14日，“变革中的全球治理——中国与联合国”国际会议主题发言。

➢ 张贵洪主编:《联合国与南南合作》，时事出版社2015年版。收录2014年10月24日，首届联合国研究青年论坛获奖论文。

➢ 张贵洪著:《联合国强大，世界更美好》，时事出版社2016年年版。收录作者自2006年进入复旦大学工作以来关于联合国问题的部分学术论文，特别是2015年联合国70周年发表的系列评论文章。

➢ 张贵洪主编:《全球治理中的中国与联合国》，时事出版社2017年版。收录联合国研究中心成立十年以来的博士生、硕士生、博士后、访问学者的代表作品。

➢ 张贵洪主编:《联合国研究》（以书代刊），世界知识出版社。2011年第一辑，2012年第二辑，2014年第三辑。

# 彼此成就

## 作为一个世界公民

# 成长为世界公民

纵观我的职业生涯，我发现：一定要相信人民，他们能发挥巨大的领导力。

——前联合国秘书长科菲·安南2015年11月4日在哥伦比亚大学的演讲

几年前，我在上海参加大学生排球联赛，有一支队伍中有个来自阿富汗的留学生打球的时候要戴头巾、穿长裤。快要开赛时，裁判说比赛规则要求队员必须“统一着装”，这位阿富汗同学由于着装不合规范，不能参加比赛。一面是，大家为她辩解，说那是她的宗教习俗，必须遵守，大家盼望着这位主力选手的发挥；一面是，裁判不依不饶，严守规则手册内容。我的一位人类学博士朋友“见义勇为”，劝服了裁判，她说：这位同学所穿所戴不是“着装”，是一种信仰和价值，就像作为裁判你内心的公正。在中国高等学府举办这个活动，不仅仅是体育赛事，更应该体现大学尊重多样文明的引领角色。

的确，对多样性的承认，是对于每个人最基本的尊重。我们住在一个叫“中国”的国家，“中国”意思是“世界中央的国度”。中国的版图如此宏大，人口如此众多，自古以来我们常常将自己的国家视为宇宙、世界的中心。与此同时，我们也应该看看中国之外更广阔的世界。我们其实是生活在一个地球村，每个人都是这个世界的公民。

## 什么是世界公民

联合国教科文组织于2012年发起了世界公民教育（Global Citizenship Education）的项目，2014年发行了落实指南，其中说：世界公民是一种归属感，认为自己的归属超越了国别，是属于更广泛的社区和全人类。世界公民侧重政治、经济、社会、文化领域的互相依存，强调在地区、国家、全球各层次之间的联动。[①] 具体说来，世界公民的特点有三个方面：观念认识上，承认和理解全球治理和全球相互依赖性；社会情感上，共同的价值和责任基于人的权利，尊重多样的文化、语言、宗教、性别等；具体行动上，在地方、国家和全球各个层面参与解决当下的全球问题，成为一个有知识、负责任、积极参与治理的世界公民。[②] 大部分非政府组织的愿景也建立在世界公民的理念之上，很多致力于非政府/非盈利组织工作的人都有世界公民的认同感。

---

① UNESCO，Global Citizenship Education：Preparing Learners for the Challenges of the 21st Century，2014，p. 14.

② UNESCO，Global Citizenship Education：Topics and Learning Objectives，2015.

# 如何成长为世界公民

这让我想起 2014 年 5 月联合国前秘书长潘基文到访复旦大学，他语重心长地对同学们讲：“我环顾世界，认为我们的公民应该更加冷静（Calm），更加有同情心（Compassion），我们需要更多合作（Cooperation）与更多勇气（Courage）。第一，只有冷静地思考，我们才能坦率地面对分歧，并找到解决问题的恰当方式。三思而后行，总比草率行动强。第二，同情心很必要。年轻人往往有着一腔热血，有一颗火热的心，这是年轻人的优点。年轻人要学会平衡热情与同情，从而更好地服务社会。第三，合作将成为常态与时代主题。我给大家的第四个关键词是勇气（Courage）。作为年轻的一代，你们需要充满勇气，来直面挑战，应对种种问题，不管是经济问题、政治问题还是社会问题。我相信你们具备这样的勇气。最后还有一个 C，是孔子（Confucius）。孔子的儒家学说对我影响很大，我从孔子、孟子、老子等流传全世界的思想和学说中获益颇多。作为一个人、一个领导人，我从孔子那里学到的、给我影响最大的一句话就是“修身、齐家、治国、平天下”。因此，我希望所有的人都能先修养自身，致力于塑造正直的人格，让我们携手为世界和平和全世界人民有尊严的生活而努力，这也是我作为联合国秘书长所热切追求的目标，即为一个更加和平与有尊严的世界而奋斗。”①





---

① 潘基文：《我们想要一个什么样的世界——联合国和世界公民的视角》，《联合国研究（第三期）》，社会科学文献出版社 2014 年版，第 3 页。

## 世界公民如何影响国际政治

作为一个小小的世界公民，还能像主权国家一样，影响国际政治进程吗？答案可能是出乎你意料的 YES！讲一个人权的故事吧。人权是当代最具普遍性的价值，联合国在 1948 年通过了《世界人权宣言》，进一步确定了人权的重要性。最初提出人权思想的，就是几位有相同抱负的世界公民，或者说是“倡议活动家”。①

在两次世界大战期间，有几位律师兼外交家首先提出和倡导了人权思想，并得到了国际上的承认。俄罗斯法学家和外交家曼德尔施塔姆（Andre Mandelstam），以及希腊法学家和外交家弗朗格里斯（Antoine Frangulis）首先起草和宣布了《人类国际权利宣言》。曼德尔施塔姆起草的《人类国际权利宣言》文本被 1929 年国际法学会全体会议采纳，而弗朗格里斯 1993 年在国联（联合国前身）提出了国际人权决议案。如果深入了解这两位就会发现，他们都是政治难民，前者受到布尔什维克政权的迫害，后者受到希腊独裁统治的压迫。因为有了切身感受，他们把人权视为保护个人权利、免受自己政府压制的工具。

与此同时，来自波兰的一位犹太律师莱姆金（Raphael Lemkin）开始单枪匹马地提出反对二战中的种族屠杀的国际法律。在莱姆金提出“种族灭绝”这个词之前，任何语言中都

① 参考［美］玛格丽特·凯克、凯瑟琳·辛金克著，韩召颖译：《超越国界的活动家——国际政治中的倡议网络》，北京大学出版社 2009 年版，第 91—93 页。

没有任何词汇描述过这种现象。由于他童年时代经历过土耳其人对亚美尼亚人的大屠杀，他坚信纳粹会对犹太人施行同样的暴行。1933 年在西班牙马德里举行的、由国联主办的一次会议上，莱姆金提出，应该通过谈判签订一项国际条约，规定“灭绝民族、宗教和种族团体”的行为是一种与海盗、奴隶制和走私毒品一样的国际罪行。

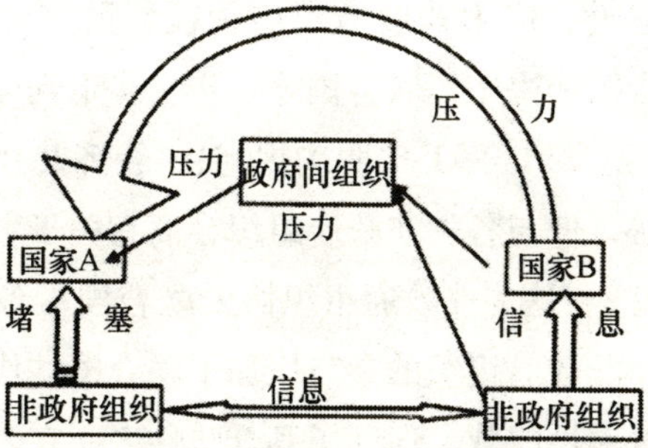


**图 80　“回飞镖”模式①**

看了几位大律师的故事，我们似乎看到了世界公民影响国际政治的门路——回飞镖模式。他们基于个人的经历（惨遭迫害），产生了某些具有保护性、普遍性的诉求（保护人权），可是本国政府没有响应他们的诉求（在本国受到迫害），于是他们诉诸国际平台提出（在国联提出人权宣言），经过较长时间的演变，这种诉求以国际公约的形式固定下来（《世界人权宣言》），签署并批准公约的国家最终必须按照公约内容实施

① 图片来自韩召颖、高婉妮：《论跨国倡议网络的作用——以美国和墨西哥劳工运动合作为例》，《世界经济与政治》2012 年第 7 期，第 70 页。

（签署并落实《世界人权宣言》），最终响应了最初这个群体以及有共同诉求的更广泛群体的诉求（保护人权内化到各国法律之中）。在这个过程中，像国联、联合国这样的国际组织起到了重要的杠杆作用，使人们的诉求得到反映，联合国成就了这些世界公民。

联合国如何获得世界公民（非政府组织）的支持呢？联合国在成立之初，只有 51 个会员国加入，并不像现在这么有权威性和普遍性，广大非政府组织积极帮助宣传联合国的思想，落实联合国的决定，联合国才一步一步走到今天。

《联合国宪章》第 71 条明确规定："经济及社会理事会得采取适当办法，俾与各种非政府组织会商有关于本理事会职权范围内之事件"，这为非政府组织协助联合国事务赋予了最初的法理基础。非政府组织的参与增加了联合国的代表性，加强了联合国的普遍性权威，保证了其合法性之所在。

此外，联合国下面的不同部门积极与非政府组织建立联络。联合国经社理事会下设咨商地位的非政府组织，要定期听取不同民间组织的声音和信息；联合国新闻部更加紧密地联络广大世界公民，向他们讲述联合国的最新动态，也请他们帮助联合国扩散信息、落实行动；联合国系统的专门机构，比如儿童基金会、开发计划署等，都纷纷设立与非政府组织的长期、正式联络，方便开展当地工作。

我曾经协助上海联合国研究会加入"联合国学术影响力"（UN Academic Impact）项目，其是国内首家与该项目建立正式联系的民间团体。建立联络后，我们在举办会议和发表文章时，都是以践行"联合国学术影响力"为目标和宗旨的，以促进联合国研究的影响力。作为知识界的一位世界公民，为落实《联合国宪章》精神而担负起社会责任，是我们应尽的义务。

**图 81　上海联合国研究会加入**
**“联合国学术影响力”的证书**

作为一个世界公民，我认为每一个渺小的个人都可以为这个世界贡献很多，每一个行为都是在参与全球治理，而我们也在真切地落实联合国可持续发展的理念和计划。安南说：联合国必须在人类安全的每个领域充当干预者。在其努力下，联合国为每个国家提出了“保护的责任”（Responsibility to Protect），我觉得每个世界公民都有一种“参与的责任”（Responsibility to Participate）。

我们的期望很大很大，作为一个世界公民，我们希望在国家安全、发展、人权的每一个领域都能参与；我们的期望也很小很小，作为一个家庭成员，我们希望能够扮演好一个女儿、一个姐姐、一个母亲的角色。如何建立这两个期望之间的联系呢？我爸爸曾经说：支持文婷同学的学习和工作，就是为人类事业服务。爸爸的话给了我启发，建立起了世界公民和家庭成员的联系。举个例子来说，2015 年联合国通过了可持续发展目标，各个国家都在制定国家计划落实这些目标。我们完全可以去学习下这 17 个目标，告诉自己的家人，从一个家庭成员开始，做一个世界公民，联合国一直就在我们的身边，在我们的生活里。

# 他为她

任何一个国家，如果妇女没有被平等对待，没有被赋权，还在遭受歧视和羞辱，那么它就不能说这个国家不在冲突中，因为他们在与自己的冲突中。

——前联合国最不发达、内陆及小岛屿发展中国家问题特使阿瓦儒尔·乔杜里大使

图 82　诗人苏黑尔·哈马德[①]

“我不会伴着你战争的鼓点起舞，我不会……”苏黑尔·哈马德（Suheir Hammad）用诗歌诠释着她对战争与和平、女人与权力的沉思。这是我在 TED 上看过的一个演讲，哈马德外形纤细柔弱，但是她的声音坚定而有力。她用诗歌刻画着战争的残酷，她说自己是一个诗人、一个女人，更是一个和平主

① 图片来源：https：//en. wikipedia. org/wiki/Suheir_ Hammad，登录时间：2017 年 9 月 15 日。

义者。古往今来，妇女一直是反战运动中最坚定的一股力量。

古希腊喜剧作家阿里斯托芬曾在戏剧《吕西斯特拉特》中，讲述了女主人公吕西斯特拉特动员来自多个希腊城邦国家的妇女迫使她们的男人结束战争的故事。其中一个令人难忘的战术就是拒绝性生活；另一个则常常被遗忘，就是控制住钱财，使男人们没钱支付战争费用。这大概是妇女为实现和平做出努力的最早描述。近现代以来，女性对和平的渴望与努力一直延续。比如 1915 年成立的“国际妇女争取和平与自由联盟”（WILPF），其在两次世界大战中一直在奔走呼喊，敦促结束冲突和全球裁军；比如特蕾莎修女穿越火线的救助；比如写下《放下武器》的伯萨·苏特纳；比如在冲突与暴力前勇于抗争的千千万万女性！

妇女对和平做出了突出贡献，但她们的角色总是被低估和忽略。传统观念里，人们还是认为女性是战争的受害者。无论 1979 年通过的《消除对妇女一切形式歧视公约》，还是 1995 年世界妇女大会通过的《北京行动纲领》，这些重要的文件中只是提到对妇女的“保护”。直到 2000 年 10 月 31 日，联合国安理会通过了 1325 号决议，人类首次将维持世界和平与安全之事与性别平等和赋权妇女联系起来，首次全面承认妇女在和平、安全、冲突后重建中所扮演的重要角色。

1325 号决议后，安理会又陆续通过了 7 个决议，围绕妇女、和平与安全（Women，Peace and Security，以下称 WPS）的问题，其中包含了 4 个 P——预防（prevention）、参与（participation）、保护（protection）和建设和平（peacebuilding）。它呼吁各国确保在预防冲突、冲突后和平建设的过程中，在国家、区域与国际机构和机制的决策层中增加更多妇女代表，打击性暴力犯罪和保护妇女权利，在和平行动、和平谈判中增加性别的视角。

众所周知，安理会是讨论地区冲突、国家安全这种“硬政治”的地方，妇女问题这样的“软政治”问题是怎样提上安理会日程的呢？这要归功于一个人，前孟加拉国驻联合国大使乔杜里先生。我跟大使先生有一面之缘，他给我讲述了这个曲折而动人的故事。

**图 83　作者与乔杜里大使在联合国总部咖啡厅**

1999 年，孟加拉国阔别 20 多年再次当选安理会成员，进入了联合国决策的“核心圈”。[①] 作为孟加拉国驻联合国大使，乔杜里大使在安理会试探性地提出了 WPS 议题，但没有一个国家有兴趣。安理会有个政治习俗，如果五常（5 permanent





① 根据《联合国宪章》，安理会通过的决议是有国际法地位的，对联合国 193 个成员国都具有法律约束力；安理会每一个国家都要担任轮值主席，可以提案、组织会议和敦促安理会讨论这个提案。

countries，简称 P－5）都不支持的提案，其他非常任理事（因为是选举出来的 10 个国家，又称 10 elected countries，简称 E－10）也不会表示支持。因为五常手握否决权，如果它们不感兴趣，那么提案通过的概率是非常低的，E－10 国家由于担心和害怕也就不会再提了。

2000 年 3 月，终于轮到孟加拉国做轮值主席，乔杜里希望抓住这个机会推进这件事。他在 3 月 1 日宣布要在 8 日通过一个关于妇女在和平与安全中的贡献的决议。安理会五常认为这个新上任的成员想要有大动作，不会坚持太久。五常认为“妇女问题”不应该在安理会讨论，他们是“军事化”的世界观。4 日，安理会成员都声称要把这个草案发到国家首都再做决定，这可能是个拖延战术，看来说服安理会真的很难。于是乔杜里发函给各安理会成员国，宣布如果没有通过决议，他要单独发表主席声明。安理会主席声明（presidential statement）有一层隐含的意思，说明主席提出了一个问题，但是安理会不予理睬，所以主席只能单方面发表声明来提醒人们关切这个问题。当时安理会的 E－10 国家有牙买加、纳米比亚、马里等，在这些曾经有过冲突的地方，妇女的贡献是有目共睹的，而且牙买加常驻团大使还是一位女士。如果乔杜里发表主席声明，那么 E－10 国家在国际社会上会难堪和受到诟病。在乔杜里的强势“威胁”和反复协商之后，7 日晚上 E－10 国家达成一致，决定支持他提出的 1325 号决议。

有了 E－10 的支持，8 日的安理会上要正面迎击 P－5 的反对。虽然大部分国家表示出缓和的态度，但俄罗斯依旧非常抵触。临近 12 点了，按照惯例，安理会主席在每次开会的中午要向媒体做简报（noon briefing），公开会议结果。“就在简报前五分钟，俄罗斯的代表依旧想阻拦我。他说，我们还有重要的议程需要继续讨论，等我们讨论完您再去。但是我坚持要去，这是我对媒体的承诺。秘书长跑过来跟我说，你不能这样对待安理会成员国代表。最终我还是去做出了关于1325号决议的安理会声明。”乔杜里很平静地讲述那天安理会会场中的剑拔弩张。2000年3月8日国际妇女节这一天，妇女作为和平的贡献者，第一次被如此郑重地承认和重视。

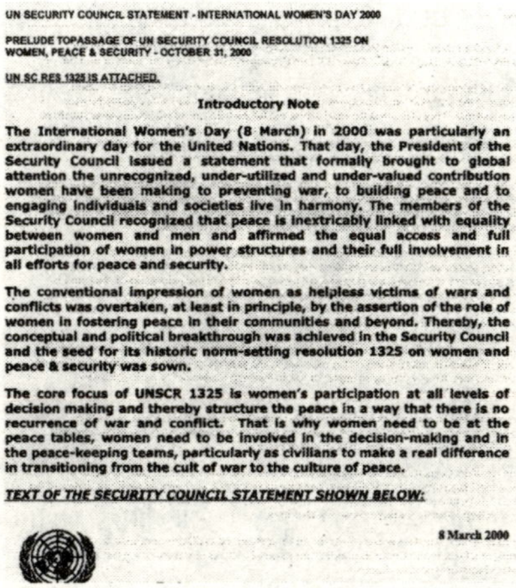

UN SECURITY COUNCIL STATEMENT - INTERNATIONAL WOMEN'S DAY 2000

PRELUDE TOPASSAGE OF UN SECURITY COUNCIL RESOLUTION 1325 ON WOMEN, PEACE & SECURITY - OCTOBER 31, 2000

UN SC RES 1325 IS ATTACHED.

**Introductory Note**

The International Women's Day (8 March) in 2000 was particularly an extraordinary day for the United Nations. That day, the President of the Security Council issued a statement that formally brought to global attention the unrecognized, under-utilized and under-valued contribution women have been making to preventing war, to building peace and to engaging individuals and societies live in harmony. The members of the Security Council recognized that peace is inextricably linked with equality between women and men and affirmed the equal access and full participation of women in power structures and their full involvement in all efforts for peace and security.

The conventional impression of women as helpless victims of wars and conflicts was overtaken, at least in principle, by the assertion of the role of women in fostering peace in their communities and beyond. Thereby, the conceptual and political breakthrough was achieved in the Security Council and the seed for its historic norm-setting resolution 1325 on women and peace & security was sown.

The core focus of UNSCR 1325 is women's participation at all levels of decision making and thereby structure the peace in a way that there is no recurrence of war and conflict. That is why women need to be at the peace tables, women need to be involved in the decision-making and in the peace-keeping teams, particularly as civilians to make a real difference in transitioning from the cult of war to the culture of peace.

*TEXT OF THE SECURITY COUNCIL STATEMENT SHOWN BELOW:*

8 March 2000

图84　2000年3月8日的安理会声明①



“大国一致”是联合国的重要原则，安理会是凸显这个原则的地方，但是一个小国家上演了一次“逆袭”。我问乔杜里：“你哪里来的勇气？是你的国家鼎力支持吗？”他笑着摇摇头说：“这是我自己的行为，我都没有跟我的政府沟通，因

① 感谢尤瑟夫·穆罕默德先生提供。

为我知道如果我跟我的政府提出，政府一定会问五常的态度，政府可能不会支持我的行为。他们远在家乡，并不了解这里的情况，更没有像我这样推进妇女与和平问题的决心。我认为，我可以促成这个决议达成，并且能合理地向政府解释我的行为。作为一个全权大使，我也有权力代表我的国家签署条约、发表讲话、做出决定。”我很惊讶于这个孤胆英雄的气魄，也钦佩这样一位世界公民的胸怀。

他对妇女与和平问题的执着来自多年来的切身观察和体验。1972 年，乔杜里大使到纽约，在孟加拉国驻联合国的使团工作。那时候他更多地关注孟加拉国国内问题，比如极度贫困、高出生率、民主的挑战等。孟国是世界上人口密度最高的国家，出生率问题在孟加拉国很严峻，要解决这个问题，就必须关注妇女、儿童问题，因为妇女决定了她们有多少个孩子。他发现，妇女的权利、妇女在社会贡献中的角色影响着整个社会的发展进步。后来，他历任孟加拉国驻联合国全权大使（1996—2001 年）以及联合国最不发达、内陆及小岛屿发展中国家问题特使（2002—2007 年）等要职，协助过《儿童权利公约》的起草，主持“和平文化”项目在联大通过，与草根社群也有长期的交往。他亲眼看到无数母亲、女孩在缔造和平、维持和平、建设和平事业上的大量贡献，而保证她们的参与就是维护稳定、可持续的和平与发展的重要基础。

交谈中，他常常援引《和平文化宣言》里的内容，记不清的时候，他会从胸前口袋里掏出这本小册子看看。我很意外，他又摸出 3 本小册子——《联合国宪章》《消除对妇女一切形式歧视公约》《人权宣言》。他说，这 4 本小册子总是随身携带，这是他的信仰。眼前这个布道者，让我看到他不是宗教的一神论者，而是作为一个世界公民，对人的权利、对《联合国宪章》的笃信。他，作为一个男士，也是最初向安理会提请妇女与和平议程的人，现在他退休了，已经不用为任何人打工，不过还在为信仰奔走。临行前，当他知道我在研究维和问题时，便把《和平文化宣言》送给了我，以此勉励致力于和平事业中的我们。

**图 85　乔杜里大使签赠给作者的《和平文化宣言》**



2015 年，1325 号决议通过 15 周年，有 54 个国家制定了“国别行动方案”来落实决议，联合国秘书长反复敦促在和平行动中增加女性参与比例。这一年，联合国秘书长发起的对 1325 号决议落实情况的审查报告正式发布，一份 400 多页的

《全球研究报告》① 综合了60多个成员国和地区组织、370多个非政府组织和研究机构的汇报。我们取得了成绩：国际社会形成了关于性暴力的规范框架，国际法庭列出针对妇女的罪行；联合国促成的和平协议中有67%包含WPS的内容，2000年之前这个数字只有11%；任命更多女性联合国特使、副秘书长等高级官员，16个任务区特使中有5位女性，还有1位特派团女司令。

与此同时，落实中还是存在太多挑战。正如《全球研究报告》的高级顾问尤瑟夫所言，“1325号决议在决策者的皮肤里，不在他们的血液里”。政治意愿总是做成任何事的先决条件。

从联合国秘书长的角度看，任命维和任务区的高级别特使固然重要，但是从长期来看，她们2年任期后卸任，世界上仍然有一半的人在被忽略，因此敦促每个成员国制定“国别行动方案”更能切实达成1325号决议的愿景。其实，联合国在每个国家都有驻地协调员，负责跟国家外交部长会面。如果秘书长能给他们的驻地协调员打个电话、写封信，让他们协助驻地国制定“国别行动方案”，那可能会大大增加支持1325号决议落实的国家，目前有近60个，还不到联合国成员国的1/3。

乔杜里大使提到2014年的一件事，那着实令人有些失望。10月31日，时任秘书长潘基文宣布了他新任的驻东帝汶和平行动团成员，14个人中只有3位女士。妇女参与在和平行动

① A Global Study on theImplementation of United Nations Security Council resolution 1325, http://www.unwomen.org/~/media/files/un%20women/wps/highlights/unw-global-study-1325-2015.pdf, 2015，登录时间：2017年8月24日。

中如此重要的情况下，他在1325号决议通过纪念日这一天宣布这样一个带有性别偏见的消息，受到了市民社会的批评。历史上第一次，秘书长的发言人承认“我们犯了错误”。后来联合国又增派了3位女士，17人中有6位女性，这才占30%。基于广大市民社会和一些成员国的压力，联合国正在政治事务部和维和行动部增加女性职员数量。

对于国家决策者来说，有些国家认为自己没有在冲突中，为什么还要制定妇女与和平的国别方案呢？首先，从法理角度来看，安理会通过的1325号决议，各国必须接受并有义务落实。其次，我们必须看到妇女与和平问题的全球性，我们需要一个和平的国际环境，就应该推进1325号决议。最后借用乔杜里大使的一句话：“任何一个国家，如果妇女没有被平等对待，没有被赋权，还在遭受歧视和羞辱，那么它就不能说这个国家不在冲突中，因为他们在与自己的冲突中。”①

其实有些发达国家，比如挪威、丹麦、瑞典等，并没有身处冲突之中，但是也在积极制定“国别行动方案”。这些国家在这方面有外交的传统，希望在全球男女平等问题上充当领导角色。但是我们也看到，一些国家仅仅把1325号决议当做一个由头，借此更加容易向国会申请资金、充实自己部门的工作。我们期待更多人真正关心她们——这个世界一半的人类！

我在美国的时候参加了不少有关1325号决议的会议，有在联合国大楼里举办的“人道主义峰会”的边会、安理会一

① 他的原话是：Any country，where women are treated unequally，where they are not empowered，where they are discriminated，that country or society cannot say we are not in conflict. They are in conflict with themselves。

般性辩论会，也有在乔治城大学妇女与和平中心举办的“妇女引导和平”讲座，还有国际和平会（International Peace Institute）这个非政府组织举办的对话活动。我观察到，从发言人到观众，有八成甚至更多人都是女性。多年来，女权问题也常常受到诟病，没有真正引起男性世界的关注和参与。联合国妇女署曾经发起了“他为她”活动，希望发动更多的男士加入女性赋权的进程，让女性的声音被更广泛的人群听到和承认。我觉得很感动，有幸遇到乔杜里大使和尤瑟夫先生，他们超越性别、宗教、国别，为妇女与和平问题奔走，他们是令人钦佩的世界公民。

**推介散文诗：战争、和平、女人、权力之诗**[①]

**What I Will**

I will not dance to your war drum. I will not lend my soul nor my bones to your war drum. I will not dance to that beating. I know that beat. It is lifeless. I know intimately that skin you are hitting. It was alive once，hunted，stolen，stretched. I will not dance to your drummed-up war. I will not pop，spin，break for you. I will not hate for you，or even hate you. I will not kill for you. Especially I will not die for you. I will not mourn the dead with murder nor suicide. I will not side with you or dance to bombs because everyone is dancing. Everyone can be wrong. Life is a right，not collateral or casual. I will not forget where I come from. I will craft my own

---

① 原视频参见：https：//www. ted. com/talks/suheir_ hammad_ poems_ of_ war_ peace_ women_ power? language = zh-cn，登录时间：2017 年 8 月 30 日。

drum. Gather my beloved near, and our chanting will be dancing. Our humming will be drumming. I will not be played. I will not lend my name nor my rhythm to your beat. I will dance and resist and dance and persist and dance. This heartbeat is louder than death. Your war drum ain't louder than this breath, Hah.

**Break Clustered**

All holy history banned. Unwritten book predicted the future, projected the past. But my head unwraps around what appears limitless, man's creative violence. Whose son shall it be? Which male child will perish a new day? Our boys' deaths galvanize. We cherish corpses. We mourn women, complicated. Bitches get beat daily. Profits made, prophets ignored. War and tooth, enameled salted lemon childhoods. All colors run, none of us solid. Don't look for shallow behind me. I carry it within. I live cycles of light and darkness. Rhythm is half silence. I see now, I never was one and not the other. Sickness, health, tender violence. I think now I never was pure. Before form I was storm, blind, ign' ant - still am. Human contracted itself blind, malignant. I never was pure. Girl spoiled before ripened. Language can't math me. I experience exponentially. Everything is everything. One woman loses fifteen, maybe twenty, members of her family. One woman loses six. One woman loses her head. One woman searches rubble. One woman feeds on trash. One woman shoots her face. One woman shoots her husband. One woman straps herself. One woman gibes birth to a baby. One woman gives birth to borders. One woman no longer believes love will ever find her. One woman never did. Where do refugee hearts go? Broken, dissed, placed where they're not from, don't want to be missed. Faced with absence. We mourn each one or we mean nothing at all. My spine curves spiral. Precipice running to and running from human beings. Cluster bombs left behind. De facto landmines. A smoldering grief. Harvest contaminated tobacco. Harvest bombs. Harvest baby teeth. Harvest palms, smoke. Harvest witness, smoke. Resolutions, smoke. Salvation, smoke. Redemption, smoke. Breathe. Do not fear what has blown up. If you must, fear the unexploded.

# 为世界服务

我们不仅仅要为中国服务，还要为世界服务。

——联合国地球地理信息管理专家委员会共同主席、中国国家测绘地理信息局副局长李鹏德博士

人们的生活离不开地图，出行、买房、开发自然资源、灾害治理、城市发展等等都需要地图，这些也是地理空间信息（geospatial information）[①] 关注的内容。联合国宣布，2015 年是“国际地图年”，希望人们能够关注地图和地理空间信息的作用，让决策人、大众都学着使用这个重要的工具，科学规划、科学实施和科学服务。

2015 年 8 月 3—7 日，联合国总部举行了“国际地图年”

① 地球空间信息科学：与传统的测绘学相比，地球空间信息科学除了包含了现代测绘学的所有内容，另外还增加了利用计算机技术对空间数据和信息处理过程中的应用。地球空间信息科学的成果目前已经广泛应用于环境、资源、灾害、农业、城市发展等领域，为各行各业提供准确实时的空间信息和空间数据。参考维基百科，https：//zh. wikipedia. org/wiki/地球空间信息科学，登录时间：2017 年 9 月 7 日。

图片展。利用卫星地图，墨西哥展示了本国近5年土地使用和植被变化的情况，加拿大展示了环境监测方面的地球观测数据图，中国向大家介绍了浙江“五水共治”工程……这些国家用生动的案例，表现出地理空间信息在灾害治理、城市规划等政策制定过程中的重大作用。

与此同时，联合国总部会议室门口的会议预告上写着“UN-GGIM”。出于好奇，我去旁听了这场关于地区空间信息的会议。细数可知，与会代表来自超过90个国家。坐在发言台正中央的会议主席是一位中国人，正在按照议事规则主持审议。在总部听过很多会，在如此国际化的会场中遇到中国人主持还真是首次。这个会议带我走进一个科技前沿领域，让我看到服务世界的中国的贡献。

## 什么是UN-GGIM

UN-GGIM的全称是联合国全球地理空间信息管理机制(The United Nations initiative on Global Geospatial Information Management)，2011年正式建立。UN-GGIM的宗旨是建立全球的地图和地理信息框架与标准。这是一个政府间的协定，各国可以加入并成为UN-GGIM的成员，其他的非政府组织和私营部门只能作为观察员。

在这个全球性机制建立之前，空间地理信息管理机制都是地区性而非全球性的，比如联合国美洲区域制图会议、亚洲及太平洋区域制图会议。2010年7月，经社理事会要求秘书长提交一份关于全球地理空间信息管理的报告，[①] 报告中指出"地理空间信息的有效利用有助于解决世界在人道主义、和平与安全、环境和发展方面面临的许多挑战，如气候变化、自然灾害、大流行病、饥荒、人口流离失所以及粮食和经济危机，这些问题跨越国界，需要采取全球性的政策加以解决"。在经社理事会2011年7月的实质性会议上，经社理事会考虑了秘书长的这份报告，并通过决议建立了UN-GGIM专家委员会和区域委员会。

**图86　2015年8月5日，UN-GGIM专家委员会共同主席李鹏德在会上发表报告**

UN-GGIM机制定期举办专家委员会大会、高级别大会、

① 联合国文件 E/2010/240，http://daccess-dds-ny.un.org/doc/UNDOC/GEN/N11/335/31/PDF/N1133531.pdf?OpenElement，登录时间：2017年9月7日。

区域委员会会议等。全球有5个区域委员会：美洲地区、阿拉伯国家地区、欧洲地区、非洲地区、亚太地区。前面提到的那个坐在发言台正中央的中国人，就是UN-GGIM专家委员会共同主席、亚太地区委员会主席李鹏德博士，他从2013年担任主席至今。李博士跟我讲，中国在很多领域是听别人的，但测绘领域我们是引领的。

## 从满足国内需求到服务世界

中国在地理信息方面也有一个成长的过程。2008年汶川地震之后，国家意识到地理信息在抗震救灾、灾后重建领域的重要作用，开始加强这方面的建设。“养兵千日，用兵一时”，如果平时投入积累，在关键时刻就能体现重大价值。除了减灾，地理信息在规划、政府政策支持方面也有重大作用。2012年前后，我国建成了一套覆盖我国境内的地理空间数据库。现在全国有300多个城市使用全套的地理信息数据，把各地政府机构联系起来，让其在网上形成统一平台，这样政府的行政效率会提高很多。比如说建立消防平台、了解交通状况、应对和监测灾害等。

国内的地理信息技术提高了，尤其是成功研制出全球30m地表覆盖数据产品GlobeLand30，让中国走向世界舞台，也让更多的人分享数据和服务。GlobeLand30是一套地表信息数据库，有2000年和2010年两期的数据，包括了耕地、森林、草地、灌木地、湿地、水体、苔原、人造地表、裸地和冰雪十大类型。这个产品的世界第一是精度，“30”是指“30米卫星遥感影像的分辨率”。过去西方国家在地表覆盖数据上有领先技术，成像精度一度发展到了 300 米，但是后续就没有大突破。由于国际地理信息业界普遍认为，30 米空间分辨率是目前对整个地球进行宏观和中观研究的最佳尺度，所以各国都在尝试挑战 30 米大关，中国成功完成了这次技术飞跃。

**图 87　从左至右分别是 1000 米、300 米、30 米分辨率的地表数据成像①**

2014 年 9 月 22 日，中国政府将 GlobeLand30 赠送给联合国使用，这是中国向联合国提供的首个全球地理信息产品，现在已成为全球变化和可持续发展研究的重要科学数据，目前已有近 120 个国家的用户下载使用，推动了地理信息数据的国际开放与共享。同一时期，我们也看到很多中国面孔出现在重要的业界组织中，比如 2014 年陈军当选国际摄影测量与遥感学会主席，是该组织第一位中国总干事。

① 资料来源：第四届 UN-GIMM 专家委员会宣传图册。

## 联合国：沟通中国与世界

随着中国综合国力的提升，我们在包括地理空间信息在内的很多科技领域都处于世界领先地位，中国有意愿与世界共享成果，联合国是沟通中国与世界的重要平台。在联合国系统工作的国际公务员是促进中国服务世界的重要力量。现在，中国职员比例最高的组织有：国际电信联盟、世界气象组织、国际民航组织、国际工业发展组织、世界旅游组织，这些都是科技性、服务性的组织。

不过，在国际组织工作过的人都深有感触：相比一些西方国家，国际组织中的中国人数量还很少。有一些从国际组织退休的中国外交官，回国后呼吁要重视联合国研究、培养国际视野人才。在前联合国副秘书长陈鲁直大使的积极推动下，北京语言大学最早在 20 世纪 90 年代初就成立了联合国研究中心。陈健大使 2007 年从联合国回来后担任中国联合国协会会长，创建中国联合国研究联席会议机制（China Academic Net for UN Studies，CANUNS），推动复旦大学、中国人民大学、北京外国语大学先后成立了联合国与国际组织研究中心，这些机构在研究联合国、沟通联合国上都起到了先锋作用。

最近一段时间，国家非常重视国际组织人才培养工作，尤其希望青年人或高校毕业生投身到世界事务工作中去。我的母校北京大学引领风气之先，做了很多开创性的工作，帮助学生树立全球视野、认识国际组织、知晓国际组织求职渠道、掌握国际组织求职技能、拓宽职业选择空间。其中，北大的学生就业中心完美创造了很多“第一次”：国内高校里第一个专门设立招聘的“国际”板块，并成立国际组织人才办公室专门负责；建立国内首个国际组织就业信息网，[①] 呈现国际组织招聘的实时动态；在2017年秋季学期，开设了全国高校首门国际组织职业指导课程《大学生职业生涯规划（走向国际组织）》；编撰国内首部国际组织就业指南教材《高校毕业生到国际组织实习任职入门》。此外，北大的国际关系学院首创设立“国际组织与国际公共事务”专业，共同助力国际组织人才的培养工作，希望更多青年人走向世界舞台，做世界公民！

① 参考：http：//io. scc. pku. edu. cn/home. action，登录时间：2017年11月8日。

# 从 MDG 到 SDG：中国方案

在一个崇高的目标支持下，不停地工作，即使慢，也一定会获得成功。

——爱因斯坦

中国的经济发展喜欢制定 5 年计划，联合国在发展领域也会设定中长期目标，为期 15 年。进入新世纪，联合国出台了千年发展目标（Millennium Development Goals，以下称 MDG），有 8 个目标，希望在 15 年内达成。截至 2015 年，目标实现的成绩丰厚：1.25 美元以下贫困人口减少了一半，到达学龄而未能上学的儿童减少了一半，接受艾滋病治疗的患者增加了 15 倍，儿童死亡率减少了近一半……但是，世界上依旧有 8 亿人口在每天 1.25 美元以下的标准生活，有 1/9 的人晚上饿着肚子入眠，一些国家毁林现象特别严重，海洋酸化危及海洋生物安全，全球承认文盲率达总人口的 1/6，而其中 2/3 是女性……

**图 88　左边是 8 项千年发展目标，右边是 17 项可持续发展目标①**

2015 年 9 月，联合国召开可持续发展峰会，“峰会”就是各国首脑都来参加的会议，会上各国许诺在未来 15 年积极落实 17 项可持续发展目标（Sustainable Development Goals，以下称 SDG），为可持续发展事业“时刻准备着”。2015 年在纽约总部实习的时候，我清楚地记得当时联合国里讨论得最热烈的两个话题：一个是选一个女秘书长，一个是 SDG。现在看来，第一个我们还要等等，第二个正在紧锣密鼓地落实着。

从 MDG 到 SDG，目标数量翻倍了，看起来目标更远大了，那么还有哪些不同呢？在 2015 年 7 月的国际发展融资大会②上，时任联合国经济与社会部部长、联合国副秘书长吴洪波提到 SDG 与过去 MDG 的区别，从目标形成、具体内容、实施对象、发展理念上进行了对比。





---

① 图片来源：联合国官方网站，http：//www. un. org/zh/index. html，登录时间：2017 年 9 月 17 日。

② 参考联合国新闻：http：//www. unmultimedia. org/radio/chinese/archives/233623/#. WEOQq-F94xd，登录时间：2016 年 11 月 30 日。

表7　SDG与MDG对比图

| | SDG | MDG |
|---|---|---|
| 形成 | 历时1年的全球总动员，共同制定 | 一小帮专家制定的 |
| 内容 | 17大项，169子项 | 8大目标 |
| 对象 | 所有成员国 | 贫穷国家（主要目标是扶贫） |
| 发展理念 | 经济增长、社会进步、环境可持续综合考量 | 注重经济增长（比如GDP） |

在落实目标的问题上，中国的五年计划由上面的国务院领导，下面的各级政府具体来落实；按照这个思路，SDG的落实由联合国开发计划署（UNDP）提供指导，各个国家及地方政府具体执行。开发署，大家戏称为“开花署”，拥有50年的发展经验，在170多个国家工作，所到之处确实让经济和发展“开花结果”。1979年以来，联合国开发计划署驻华代表处在中国成功合作执行了900多个项目，覆盖31个省市。最近，我参加了联合国开发计划署组织的SDG网络培训，[①] 了解到中国在落实SDG方面有很多创造性的想法，提出了很棒的中国方案。

① 欢迎大家参与SDG网络培训：http：//open.163.com/special/openclass/undpsdgmooc.html。

**图 89　作者通过联合国开发计划署 SDG 网络培训的证书**

## 中国方案一：互联网能致富还能治水

中国的互联网发展快，应用范围不断扩充，正在从城市发展到农村。在落实 SDG 的第 1 个目标“消除贫困”时，中国提出了“互联网 +”模式（如图 90）——通过互联网，把贫困村的农产品卖到城市去，增加村民收入。据国务院参事汤敏先生说，要解决 7000 万贫困人口（128000 个贫困村）的扶贫问题，一个重要的抓手，还是要动员更多的群众。一端在农村，在每个贫困村设一个扶贫站，建立一个电商账户，把贫困户和贫困村的农产品挂在网上，目标是把农产品销售到城市。另一端在城市，全国有 5000 万志愿者登记注册，这些志愿者就是扶贫后援团，让他们帮助宣传甚至购买这些产品。互联网把农村和城市沟通起来，让扶贫工作成为一个可持续的工作。

十八大已经明确提出，到2020年中国将全部消除贫困(每人每日平均生活费不足1.9美元)。扶贫问题，不仅仅是帮助当地人提高收入，更重要的是让贫困家庭的孩子们有受到教育的机会，否则贫穷将代代相传。硬件上，政府投资改善教学条件；软件上，很少有老师愿意在那里教书，但是现在我们可以把最好的课程拍摄下来，通过互联网把网络课程送到贫困区的学校，让孩子们跟着省里市里最好的老师学习，还能参与音乐、艺术等类型的课程。

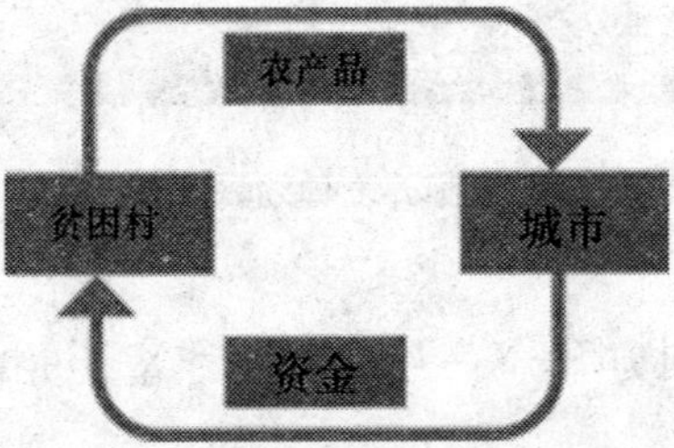


**图90 “互联网+”扶贫模式图**

互联网技术不仅仅能致富，还能治水。SDG第6个目标，是提供清洁饮水和卫生设施。为落实这个目标，中国积极通过互联网高科技来促进水利管理和有效利用，提出了“水联网”(internet water)模式——实时感知，水性互联，过程跟踪，智能处理，精准预报，精准调度。中国建立了第一个水联网精准灌溉订单式供水的示范基地，建立了第一个水联网农业水权的在线交易平台，这个平台经过三年的示范，累积交易量超过2000多万立方米，年交易量增长率在50%以上。

## 中国方案二：大众创业，万众创新

1979 年到 2015 年，中国平均每年的经济增长速度达 9.7%，中国人均 GDP 从 1979 年连最贫穷的非洲国家的 1/3 还不到，至 2015 年达 7900 美元，中国成为一个中等偏上的发展中国家，其间有 6.8 亿人脱贫。北京大学国家发展研究院教授林毅夫先生曾这样评价：在人类经济史上，还不曾有过这么高的速度、持续这么长时间的经济发展，中国的经济发展是人类经济史上的奇迹。

SDG 第 8 个目标，是可持续的、包容的经济增长，实现就业增长，每个人有体面的工作。我们可以看到，经济增长是解决失业问题的关键。对于中国来说，过去 30 年的增长奇迹为无数人提供了工作，帮助数亿人摆脱贫困。那么未来应该如何维持中高速的增长，或者如“十三五”规划里提到的每年 6.5% 以上的经济增长呢？林毅夫先生提到，经济发展需要技术创新、产业升级，解决中小企业发展是关键。中国政府也提出了“双创”政策——大众创业，万众创新。

大众创业，鼓励中小企业的发展。联合国开发计划署驻华代表处 SGD 项目官员黎明先生指出：制造业的每一个岗位可以带动其他行业产生 2.2 个新工作岗位，参与工业化和制造业的中小企业是典型的就业机会提供方，提供了 50%—60% 的就业机会。提高工业增长和增强中小企业，也是 SDG 第 9 个目标——有韧性的基础设施，促进可持续工业化，培育创新——的重要部分。中国过去 30 年的经济高速增长，离不开大量制造业的中小企业。

万众创新，促进产业不断升级。我很认同黎明先生的观点：没有技术和创新，就没有工业化，没有工业化就没有发展。现在，中国出口的产品中高科技品类比例增加，尤其是中国的信息通信技术，在国际上很有竞争力。我记得在到东南亚旅游时，随处可以看到人们使用华为和中兴的手机，我在纽约时代广场还看到“百度输入法”的广告（见图91）。20世纪90年代以来，伴随着信息技术的发展和自主研发能力的提高，国内几大通讯商快速成长起来。

图91　纽约时代广场上的中国广告①

## 中国方案三：南南合作引领风尚

SDG与MDG很不同的一处就是最后一个目标：全球伙伴关系，它提出了一种落实前16个目标的有效路径。其中，全球伙伴关系重点强调了南北合作、南南合作以及南北南三方合

① 图片来源：http：//tech. huanqiu. com/it/2015—01/5351427. html，登录时间：2016年11月30日。

作。南南合作作为发展中国家重要的发展方式，延续多年，也是落实 SDG 第 10 个目标——减少不平等的重要路径。

在联合国的平台上，中国在南南合作方面起到了引领作用。联合国里，有一个职位是联合国秘书长特使（SRSG），是全权代表秘书长在和平、发展、人权三大领域和具体项目中发挥领导作用的高级岗位。据我所知，中国出过一位联合国秘书长特使，是前联合国秘书长南南合作特使周一平先生，足见国际社会对中国在南南合作领域重大作用的认可。

图 92　作者与郭莫洛

习近平主席在 2015 年的联大发展峰会上许诺出资 200 亿人民币建立南南合作基金，现在都在落实中。比如，2016 年 4 月，设在北京大学国家发展研究院下面的南南合作与发展学院（Institute of South-South Cooperation and Development，ISSCAD）挂牌成立了。9 月份，招收了第一批学生，有 40 多位，其中有硕士生，也有博士生，均来自发展中国家，而且学费全免。依托北京大学的这个项目，中国的发展经验传递到了广大发展中国家。我在 2016 年 10 月北大国际文化节上遇到这位南南院的郭莫洛（图 92 左边的人），他来自埃塞俄比亚，他说要对比中国和埃塞俄比亚，研究党对经济发展的作用。

此外，中国与周边发展中国家的南南合作主要依托“一带一路”倡议。2016 年 9 月 20 日，在 71 届联大期间，中国与联合国开发计划署签订了合作谅解备忘录，这是中国政府与国际组织签署的共建“一带一路”的备忘录，也是国际组织参与“一带一路”建设的一大创新。中国引导的南南合作，不仅仅是双边的合作，还要在联合国这个多边平台上发挥更大作用。

近几年，“一带一路”在国内外都特别火，尤其是外国人动不动就说“OBOR”，就是英文“One Belt One Road”的缩写。其实中国政府官方的翻译并非“OBOR”，只是官方公布正式英文翻译前，国内外的研究已经流传开来了。官方翻译是什么呢？在一次会议上，我结识了发改委对外经济研究所国际合作室主任张建平先生，他告诉我们官方公布的翻译是“The Belt and Road Initiative”，缩写是BRI。我觉得可以从它的英文翻译来看“一带一路”的核心。其一，这不是“某一条路或某一带”，是几条线路；其二，是“倡议”而不是“战略”，感觉战略是某国主导、其他跟从，但是倡议是平等的伙伴关系，而且向所有人开放。

中国在落实SDG的过程中还有更多的中国方案，上面只是列举了几个比较有代表性的方面。此外，中国已经提前达成了SDG中的一些目标，比如目标2消除饥饿，目标3健康福祉中关于降低孕产妇死亡率和5岁以下儿童死亡率的子目标。其实我们每个人都可以在生活中参与SDG的落实工作，每个人都在做世界公民，成就联合国的倡议。

# 联合国里的中国人

联合国是由成员国组成，但是在各国政府大部分时候要依靠秘书处的行动力。秘书处具有创造性的能力，可以引进新的观念，提出新的倡议，能给成员国提供报告和建议以影响他们的行动。

——联合国第二任秘书长达格·哈马舍尔德在1955年的演讲[1]

联合国是一个庞然大物，是当代最大的、最有普遍性、代表性和权威性的政府间国际组织，在国际秩序和全球治理中处于核心地位。联合国系统主要包括31个组织机构，有联合国秘书处、12个方案和基金、15个专门机构以及3



① Emery Kelen and Dag Hammarskjöld, *The Political Man*, New York: Funk & Wagnalls, 1968.

个相关组织。[1] 根据最新的2016年秘书长报告,[2] 联合国系统相关实体工作人员有75934人，其中联合国秘书处有40131人，在秘书处工作的中国籍国际公务员有476人。国际公务员，其职责不是国家性质的，而是超越国家利益的国际性质的，是名副其实的世界公民。这里将介绍联合国系统里中国职员的发展历程、现状特点以及未来趋向。

## 发展历程

1945年联合国成立之初，中国作为创始国参与联合国工作。1946年联大伦敦会议选出秘书长后，组建秘书处的工作就开始了。据统计，从1946年到1949年，进入联合国的中国籍国际公务员有199人。[3] 应聘的录取者多是战后中国首批赴美的公费或自费留学生、研究人员、访问学者、新闻人员与驻美使领馆外交人员以及其他各界侨胞，还有少数中国教授、学者受特邀至秘书处任职。中国政府推荐时任外交部副部长胡世

---

① 他们具体是，基金和方案：联合国贸易和发展会议、联合国开发计划署、联合国人口基金、联合国环境署、联合国毒品和犯罪问题办公室、联合国人居署、联合国儿童基金会、联合国难民署、联合国近东救济和工程处、联合国妇女署、世界粮食计划署、联合国项目服务办公室；专门机构：国际电信联盟、世界气象组织、国际民航组织、国际工业发展组织、世界旅游组织、万国邮政联盟、联合国教科文组织、联合国粮食及农业组织、世界卫生组织、国际劳工组织、国际农业发展基金、国际海事组织、世界知识产权组织、世界银行、国际货币基金组织；相关组织：国际原子能机构、世界贸易组织、国际移民组织。参考：www.unsceb. org/content/ceb-members。

② 《2016年秘书长报告——秘书处的组成：工作人员统计数据》，A/71/360，2016年8月31日。

③ 李铁城主编：《联合国里的中国人（1945—2003）》，人民出版社2004年版，第1083页。

泽为首位中国籍的副秘书长，他负责托管及非自治领土情报部门，是当时联合国秘书处里职务最高的中国人。

1949 年新中国诞生，1950 年 11 月新中国代表团首次亮相联合国。在安理会讨论中，伍修权与时任国民党集团代表蒋廷黻针锋相对，争取中国在联合国的代表权。直到 1971 年 10 月 25 日，联合国通过 2758 号决议，宣布恢复中华人民共和国一切权利，承认其政府的代表为中国在联合国组织的唯一合法代表。

新中国恢复在联合国的合法席位后，没有要求秘书处解雇任何原有的中国职员，政府又推荐了 3 个人进入秘书处：负责政治事务与托管非殖民化部的副秘书长唐明照，担任政治事务与托管非殖民化部副秘书长特别助理的赵明德，担任政治与安理会事务部安理会与政治委员会司副司长的章曙。① 当时除了语文专业人员，大部分职员都是由中国政府从国内委派和借调的。自此，中国政府向联合国和中国常驻联合国代表团定期推荐和派驻高级别官员，具体信息如下：

| 联合国秘书长 | 中国籍联合国副秘书长 | 中国常驻联合国代表 |
|---|---|---|
| 吴丹<br>（1961—1971） | 唐明照（1972—1979）<br>政治事务与托管非殖民化部 | 黄华（1971—1976） |





① 李铁城主编：《联合国里的中国人（1945—2003）》，人民出版社 2004 年版，第 47—48 页。

<table>
<tr><th>联合国秘书长</th><th>中国籍联合国副秘书长</th><th>中国常驻联合国代表</th></tr>
<tr><td>库尔特·瓦尔德海姆<br>（1972—1981）</td><td rowspan="2">毕季龙（1979—1985）<br>技术合作与发展部</td><td>陈楚（1977—1980）</td></tr>
<tr><td rowspan="2">哈维尔·佩雷斯·德奎利亚尔<br>（1982—1991）</td><td>凌青（1980—1985）</td></tr>
<tr><td>谢启美（1985—1992）<br>技术合作与发展部</td><td>李鹿野（1985—1990）</td></tr>
<tr><td rowspan="2">布特罗斯·加利<br>（1992—1996）</td><td rowspan="2">冀朝铸（1991—1995）<br>技术合作与发展部</td><td>李道豫（1990—1993）</td></tr>
<tr><td>李肇星（1993—1995）</td></tr>
<tr><td rowspan="5">科菲·安南<br>（1997—2006）</td><td>金永健（1996—2001）<br>大会事务与服务部</td><td>秦华孙（1995—2000）</td></tr>
<tr><td>陈健（2001—2007）<br>大会与会议管理部</td><td>王英凡（2000—2003）</td></tr>
<tr><td rowspan="3">沙祖康（2007—2012）<br>经济与社会事务部</td><td>王光亚（2003—2008）</td></tr>
<tr><td>张业遂（2008—2009）</td></tr>
<tr><td>李保东（2009—2013）</td></tr>
<tr><td>潘基文<br>（2007—2016）</td><td>吴红波（2012—2017 年 5 月）<br>经济与社会事务部</td><td rowspan="2">刘结一（2013—今）</td></tr>
<tr><td>安东尼奥·古特雷斯<br>（2017—至今）</td><td>吴振民（2017 年 6 月）<br>经济与社会事务部</td></tr>
</table>

资料来源：联合国官方网站，http：//www. un. org，统计时间截至 2017 年 8 月。

从 1979 年开始到 90 年代结束，联合国为了储备人才，在北京外国语大学成立了“联合国译员训练班”，由联合国提供经费、设备和教材，集中培训中文的笔译和口译人员。训练班学员在结训时参加联合国举行的严格考试，考试及格者列入名册，等候联合国征聘。这个训练班造就了几百名年轻的高翻人员，今天在联合国各地中文单位任职的翻译人员大半出身于这个训练班。[①]

1995 年，在我国进行了第一次联合国国家竞争考试，但是考生限于政府部门的职员，当时通过考试的仅有 6 人。2000 年，中国政府首次向大众开放联合国国家竞争考试，中国国际职员服务中心和人事部人事考试中心承办了这次考试。2001 年和 2002 年两次在中国举行了联合国的招聘考试，已经有 30 多人被列入候选人名册，其中有 16 人已经被录用。[②]

2004 年的一份报道中指出：中国在联合国秘书处及联合国各附属机构中的人数总共只有 309 人，其中按地域分配的名额本来可达 66 个，但实际上只用了 51 个，即有 15 个名额被其他国家占用了。而在这 51 人中，属于高级官员、有决策地位的高级职员并不多。虽然在联合国秘书处有一个不小的中文处，里面有 100 多位工作人员，但他们只属于提供中文服务的专业人员，对联合国的决策没有任何影响。此时，中国人在联合国国际职员中的状况可以说是人数少、比例小、地位低。[③]

## 现状特点

近几年，中国在联合国里职员数量偏低，不符合我会费大国地位，但是在一些专门机构、基金和方案中的中国籍高层人




---

① 参考：www. un. org/zh/events/chineselanguageday/history. shtml，登录时间：2016 年 11 月 17 日。

② 根据采访联合国秘书处管理部人力资源厅官员，采访时间：2015 年 11 月 12 日。

③ 参考：www. people. com. cn/GB/guoji/14549/2350455. html，登录时间：2016 年 11 月 17 日。

数有所增加。具体来说，有如下特点：

第一，职级分布方面，高级别的中国籍官员比例较高，中国公务员总体人数比例很低。根据联合国秘书处 2016 年统计，[①] 联合国秘书处的工作人员全球共计 40131 人，中国籍职员约有 476 人，仅占所有人数的 1.19%。但是，主管（D）及以上的有地域地位的中国籍高级别官员有 9 人，占有地域地位的高级别官员总数的 2.60%（9/347）。除了联合国秘书处，在联合国系统中的 30 个组织中，中国在 10 个组织中拥有助理秘书长（ASG）及以上级别的高级官员，具体可见表 8：

**表 8　联合国系统里部分中国籍高官**

| 联合国系统组织 | 中国籍高级官员 |
|---|---|
| 国际电信联盟 | 秘书长：赵厚麟 |
| 国际民航组织 | 秘书长：柳芳 |
| 世界旅游组织 | 执行主任：祝善忠 |
| 国际工业发展组织 | 总干事：李勇 |
| 国际原子能机构 | 副总干事：杨大助 |
| 世界卫生组织 | 总干事：陈冯富珍（2012—2017） |
| 联合国开发计划署 | 亚太局长、助理秘书长徐浩良 |
| 世界知识产权组织 | 副总干事：王彬颖 |
| 世界银行 | 常务副行长：杨少林 |
| 世界贸易组织 | 副总干事：易小准 |

资料来源：首协会网站（http：//www.unsceb.org/content/hr-nationality）以及各机构官方网站，统计时间截至 2017 年 8 月。

① 《2016 年秘书长报告——秘书处的组成：工作人员统计数据》，第 106 页。

第二，从职员来源上看，联合国内中国籍高级官员大多由国内政府相关部门选派，专业或一般事务类职员绝大多数是通过联合国的考试才入职的。在副秘书长或副总干事一级的高管中，有一些是由国内政府选派、秘书长直接任命的，比如前联合国副秘书长吴红波、前世界卫生组织总干事陈冯富珍；有一些由国内相关部门选派，在该国际组织逐渐升迁到最高负责人，比如国际电信联盟秘书长赵厚麟、国际民航组织秘书长柳芳；也有一些人是长期在国内任职，并在国际组织兼任专家委员会或大会主席，如世界气象组织水文学技术委员会副主席刘志雨；还有极少一些高官是通过联合国考试进入联合国系统，并在其中逐步升迁的，比如联合国开发署亚太局长徐浩良。

**图93　作者与前世界卫生组织总干事陈冯富珍**

专业或一般事务类职员大多通过联合国的全球一般事务考试（Global General Service Test，GGST）进入联合国工作。随着越来越多的中国留学生在国外学习或到联合国实习，很多人通过参加这类考试进入联合国工作。

第三，工作领域和影响力上，联合国内中国雇员集中在经济、科技、翻译事务上，在政治、法律、人道主义事务上的参与度很小。多年来，中国职员在联合国经济社会事务部和大会管理部比较活跃，此外中国有44.3%（137/309）的专业类职员是语文类雇员。在联合国系统里，中国职员比例最高的前五位是：国际电信联盟、世界气象组织、国际民航组织、国际工业发展组织、世界旅游组织，这些都是科技类的组织。相比之下，中国在联合国妇女署、难民署、世界粮食计划署、儿童基金会、世界知识产权组织等机构中任职的人员极少且没有高级官员，影响力很有限。

## 展望未来

联合国一直是多边外交最关键、最重要的平台。基于中国的情况和联合国人事结构的现状，我们应该继续重视和增强中国人在联合国的代表性。这需要多方的努力和配合，要有政府政策性的大力支持，应聘者个人的积极争取，以及国内学界的研究和政策建议。

第一，政府将更加重视国际组织人才的培养，提供信息和资金支持年轻人参与联合国工作。联合国系统大部分机构都开设初级专业官员项目（Junior Professional Officer，JPO），以培养年轻的初级专业人员。这些项目由成员国资助，支持本国年轻人在联合国工作1—2年，之后被资助者可选择继续在联合国还是回国工作。日本、德国的JPO项目一直很成功，输送了大量青年人进入联合国工作。发展中国家里，尼日利亚也看到了JPO的价值，积极资助本国的JPO项目。

中国在2015年秋季向秘书处派出了第一批JPO，是两位来自外交部的年轻人。目前中国政府已经与联合国难民署、联合国教科文组织等机构签署《选派青年专业人员（JPO）的合作协议》，由国家留学基金管理委员公开张贴招募信息并进行遴选，入选者将被派出到组织总部及其地区办事处工作。

第二，应聘者寻找更加灵活的方式进入联合国工作。联合国专业职类的工作都要求3年甚至5年以上的工作经验，这对于年轻人来说是很大的阻碍，所以大部分年轻人只能通过竞争特别激烈的青年专业项目（Young Professional Programme，YPP）考试进入联合国工作。近年来，很多年轻人采取更加灵活的方式逐步进入联合国工作，比如从实习或志愿者开始。

联合国志愿者（UNV）是联合国开发计划署下面的项目，这些志愿者一般在联合国系统内工作，从事初级专业级别的工作，志愿者项目一般1—2年，志愿者每月可以得到一部分津贴。一般来说，这些志愿者获得联合国征聘信息比较方便，又积累了相关工作经验，在志愿者项目结束后就更容易进入联合国工作。

联合国实习生也有非常好的机会。近些年，中国经济实力发展，国家参与国际机制的积极性增强。与此同时，越来越多中国学生到海外学习且能力较强，有机会参与国际组织的实习或工作。根据 2015 年秘书长报告,[①] 中国在秘书处的实习生有 321 人，总数上继美国之后排名第二位，这些实习生都是未来进入联合国系统工作的重要后备力量。

第三，学界和高校重视国际公务员的培养，加大对联合国里中国职员的研究。国内高校中，上海外国语大学、北京大学、北京外国语大学等相继建立了国际公务员硕士点，浙江大学外语学院设立了国际组织精英人才班，通过大学教育培养中国青年的国际视野和专业知识。作为联合国协调机构，中国联合国协会连续举办了多届“国际公务员培训班”，为青年提供参与联合国工作的知识和平台。

70 多年来，中国在自身发展的同时，也为联合国做出了更多的贡献。联合国大会最新通过的 2016—2018 年会费及维和摊款的分摊比额中，中国应缴会费升至 7. 921%，排世界第三；维和摊款增至 10. 2%，位居第二。中国国家主席习近平在 70 届联大会议上，承诺将建立 10 亿和平与发展基金、200 亿南南合作基金，促进世界和平与发展事业。中国在联合国承担更多责任的同时，也应思考如何增强自身的话语权和影响力，增加联合国里中国职员的数量并提升其质量势在必行。

---

① 《2015 年秘书长报告——秘书处的组成：免费提供的人员、退休人员和咨询人以及个体订约人》，A/70/605，2015 年 12 月 11 日。

# 燕园情怀，兼怀天下

这真是一块圣地。数十年来这里成长着中国几代最优秀的学者。丰博的学识、闪光的才智、庄严无畏的独立思想，这一切又与先于天下的严峻思考、耿介不阿的人格操守以及勇锐的抗争精神相结合。这更是一种精神合成的魅力。

——《永远的校园》①

"北大魂，中国魂，在这里生长，这校园是永远……"我曾作为北大朗诵协会的成员，在很多场合朗诵这首《永远的校园》，从新生联谊会到毕业典礼，从京港诗歌交流活动到在山西省电视台汇报演出。一次次的诵读，一次次的回忆，北大百余年的浮沉总是与国家民族的命运紧紧相依，这也是读者、听者甚至所有人都深刻承认的。在我的心里，这座精神上的校园也一直传承着国际主义的、世界情怀的血脉。

① 谢冕：《永远的校园》，北京大学出版社 1997 年版，第 5 页。

## 历史溯源：蔡元培与世界公民思想

北京大学创办于1898年，初名京师大学堂，是中国第一所国立综合性大学，也是当时中国最高教育行政机关。辛亥革命后，于1912年改为现名。1917年，著名教育家蔡元培出任北京大学校长，他“循思想自由原则，取兼容并包主义”，对北京大学进行了卓有成效之改革，促进了思想解放和学术繁荣。

1919年1月，“五四”运动来临前夕，正值学生中爱国主义热情高涨之际，蔡元培既对学生的爱国热情加以肯定和保护，又对可能出现的“极端利己的国家主义”加以提防，他提出“人格当博大”：

> 积小群而为大群，小群之利害，必以不与大群之利害相抵触者为标准。家，群之小者也，不能不以国之利害为标准。故有利于家，而又有利于国，或无害于国者，行之。苟有利于家，而有害于国，则绝对不可行。此人人所知也。以一国比于世界，则亦为较小之群。故为国家计，亦当以有利于国，而有利于世界，或无害于世界者，为标准。而所谓国民者，亦同时为全世界人类之一分子。苟倡绝对的国家主义，而置人道主义于不顾，则虽以德意志之强而终不免于失败，况其他乎?[①]

---

① 《1919年1月“国民杂志序”》，《蔡元培全集》第三卷，中华书局1984年版，第255页。

蔡元培要求同学们以“全世界人类之一分子”，即世界公民的身份要求自己，用“人道主义”约束自己，不要把“国家主义”提高到“绝对”的位置，推向“极端利己”的泥沼，这为北大的血液里注入了更高一层兼济天下的情怀。

## 思想相通：兼容并包与尊重多样性

世界公民思想的最大特点是对世界多样性的尊重，对不同的性别、文化、语言、民族、思想等的尊重，这与北大“兼容并包”之思想相通。自蔡元培先生掌校以来，七八年间这个“容”字，已在北大的肥土之中根深蒂固了，故校内各派别能互相容受。平时于讲堂之内，会议席之上，作剧烈的辩驳和争论；一到患难的时候，便共力合作。这是已屡经试验的了。[①] 之后，自 1923 年起任北大校长 15 年的蒋梦麟也把“大度包容”作为办校的方针，继续为北大和中国培养自由主义的元气。蒋校长说：“容量无止境，我们当继续不断地向‘容’字一方面努力。古人云：宰相肚里好撑船，本校肚里要好驶飞艇才好！”[②]

这种尊重多样性的精神体现在北大办学实践之中。北大自 1920 年秋天正式招收女学生，开中国公立大学男女同校之先，提倡男女平等，实现了对性别多样性的尊重。1954 年出版的《北京大学校庆纪念特刊（1989—1954）》中记录着北大在建国初期如何丰富文化、宗教等方面的多样性。从 1950 年开始，

① 蒋梦麟：《北大之精神》，1923 年 12 月 27 日，载于刘军宁主编：《北大传统与近代中国》，中国人事出版社 1998 年版，第 584 页。

② 同上，第 585 页。

北大开设外国留学生中国语文专修班，接纳来自罗马尼亚、保加利亚、匈牙利、波兰、捷克斯洛伐克、蒙古国和民主德国等地的留学生来北大学习。在这个中文专修班里，教师和同学都清楚地知道教和学的目的是：为了文化交流，为了友谊团结，为了世界和平。此外，北大还建立了少数民族医学预科班，希望多培养一些少数民族本民族的医生，提高当地卫生医疗水平，造福“兄弟民族”。少数民族同学来到北大后，学校在教学安排上认真负责，同时为了使他们生活得更好，给他们成立了一个“兄弟食堂”，提供不同文化需求的食品。最令我感动的是，在当时物质条件艰苦的情况下，学校为了满足少数民族同学的歌舞爱好，特别给他们制作了美丽的民族服装，鼓励他们展现本民族文化。

## 躬身践行：培养为世界服务的人才

时至今日，北大已经成为国家培养高素质、创造性人才的摇篮，成为科学研究的前沿和知识创新的重要基地，成为国际交流的重要桥梁和窗口。北大培养出一批又一批活跃在全球治理各个领域的优秀人才，我们的校党委书记郝平教授曾任联合国教科文组织大会主席，是首位当选的中国代表。我在2015年联合国大会期间遇到过郝平老师，他来参加联合国教科文组织的边会。他平易近人，睿智沉稳，很有外交风度。政府间国际组织是各国利益博弈的大平台，作为大会主席，为了推进相关议程，必须要有非凡的调节和斡旋能力，郝平老师在教科文组织也留下不少“创造性协调”的佳话。

**图 94　2015 年 10 月，联合国大会期间作者遇到中国联合国教科文组织全国委员会来纽约总部参会，左一是作者，左三是郝平**

北大不仅为中国培养了大量优秀人才，而且很多从北大毕业的留学生回到自己的国家都从事重要的工作。比如埃塞俄比亚总统穆拉图·特肖梅（Mulatu Teshome），他本科毕业于北大哲学系、硕博在国际政治系，算是北大的“土著”。20 世纪七八十年代，非洲公派留学生来华往往选择学习工程或医学，因为国家建设需要一批技术方面的人才，很少有学生选择人文社会学科。穆拉图常说：“对我个人来说，北大是影响了我一生的学校。”现在看来，他的这个学科选择不仅改变了他的人生命运，也为他今日所取得的成就奠定了基石。现在的燕园日益国际化，尤其是创办了燕京学堂和南南合作与发展学院，为外国留学生了解中国打开了一扇大门，希望能培养更多了解中国、友好中国的世界公民。

**图书在版编目（CIP）数据**

我与联合国的六年：一位联合国实习生、非洲和平研究者和世界公民的思考/孟文婷著．—北京：时事出版社，2018.3
ISBN 978-7-5195-0191-4

Ⅰ.①我… Ⅱ.①孟… Ⅲ.①联合国—概况
Ⅳ.①D813.2

中国版本图书馆 CIP 数据核字（2018）第 029023 号

出 版 发 行：时事出版社
地　　　址：北京市海淀区万寿寺甲 2 号
邮　　　编：100081
发 行 热 线：（010）88547590　88547591
读者服务部：（010）88547595
传　　　真：（010）88547592
电 子 邮 箱：shishichubanshe@ sina. com
网　　　址：www. shishishe. com
印　　　刷：北京朝阳印刷厂有限责任公司

---

开本：880×1230　1/32　印张：6.875　字数：170 千字
2018 年 3 月第 1 版　2018 年 3 月第 1 次印刷
定价：39.80 元